小学语文教师书林

杜永道
陈薇　著
黄亢美

有问必答 （第二辑）

——小学语文教学疑难答问

上海教育出版社
SHANGHAI EDUCATIONAL
PUBLISHING HOUSE

图书在版编目（CIP）数据

有问必答：小学语文教学疑难答问. 第二辑 / 杜永道，陈薇，黄亢美著. — 上海：上海教育出版社，2022.11
（小学语文教师书林）
ISBN 978-7-5720-1573-1

Ⅰ. ①有… Ⅱ. ①杜… ②陈… ③黄… Ⅲ. ①小学语文课 – 教学研究 Ⅳ. ①G623.202

中国版本图书馆CIP数据核字(2022)第199719号

责任编辑　饶晓敏
封面设计　毛结平

小学语文教师书林
有问必答：小学语文教学疑难答问（第二辑）
杜永道　陈　薇　黄亢美　著

出版发行　上海教育出版社有限公司
官　　网　www.seph.com.cn
地　　址　上海市闵行区号景路159弄C座
邮　　编　201101
印　　刷　启东市人民印刷有限公司
开　　本　700×1000　1/16　印张 13
字　　数　213 千字
版　　次　2022年11月第1版
印　　次　2022年11月第1次印刷
书　　号　ISBN 978-7-5720-1573-1/G·1460
定　　价　55.00 元

如发现质量问题，读者可向本社调换　电话：021-64373213

序言

这些年在《小学语文教师》"问讯处"栏目回答读者问题,2018年结集起来,出了本《有问必答》。该书受到语文老师特别是教研员的欢迎。后来,黄亢美、陈薇老师也一起参加答疑。几年下来,又汇成一书。《小学语文教师》做了件好事,就是将专家的工作跟老师们的需要结合起来。对专家来说,工作更接地气,更有意义;对老师来说,解惑释疑、利于教学。

希望今后有更多老师提问。老师们的问题是从教学实践中来的,实用价值高。有的问题是对课文语言的理解,有的则涉及课文语言的规范性。也就是说,课文可能存在不妥之处,变更一下会更好。对后一类问题,笔者每次都发给人民教育出版社的有关同志,受到欢迎。有的课文还因此作出调整,如《狼牙山五壮士》里"他刚要拧开盖子,马宝玉抢前一步,夺过手榴弹插在腰间,他猛地举起一块大石头"删去第二个"他",表述更清晰了。

有的问题虽小,牵涉面却大。所以,怎样把问题说清楚,又不东拉西扯,常需费一番心思。我个人对汉语拼音、字词读音、语法方面的问题比较感兴趣。

教材的语言文字问题日益受到重视。前两年,北京某大报收到一篇来稿,批评教材上有错字。编者问我是否宜登,答复最好不登。我把问题告诉出版社,建议改正。但报纸最后还是刊出,可见人们对教材的规范性是很在意的。

放眼看,社会对语言文字的规范使用,也愈加重视。我担任全国人大法制工作委员会立法用语规范化咨询委员已十几年了,现在每部法律出台前,都请语文专家把关。我在《人民日报》(海外版)答复语文问题也有二十年了。这个栏目仍在办,还不时有"命题作文"。

在学校教书育人的老师,更宜"咬文嚼字",期待今后有更多"较真"的问题。老师们平时确定词义和词语用法时,最好以《现代汉语词典》为准。一般每种民族语言有一部权威词典,如英语有《牛津词典》,法语有《拉鲁斯词典》,俄语有《现代俄语词典》，汉语则有《现代汉语词典》。《现代汉语词典》未收的新词、新义，别的词典有了，也可以采用。如《现代汉语词典》未收的新词"甩锅""黑科技"其他词典已收，当然可以选用。"坚韧"一词在其他词典出现"在困难中坚持不动摇"的意思，自然也可采纳。

鲁迅说："我只在深夜的街头摆着一个地摊，所有的无非几个小钉，几个瓦碟，但也希望，并且相信有些人会从中寻出合于他的用处的东西。"（《且介亭杂文•序言》）我希望并且相信，今后会有更多的老师从《小学语文教师》"问讯处"栏目，读到"合于他的用处的""小钉"和"瓦碟"。

"教学相长"，在解答中我也获益良多，谢谢老师们的提问。

饶晓敏编辑在工作中不断开拓进取，使"问讯处"长盛不衰。她为这本书的策划、编辑、出版殚精竭虑，谨此致谢！

杜永道

2022 年 10 月 31 日于北京沙滩后街

CONTENTS

目　录

CONTENTS

有问必答——小学语文教学疑难答问(第二辑)

CONTENTS

目 录

CONTENTS

有问必答——*小学语文教学疑难答问*（第二辑）

CONTENTS

目 录

CONTENTS

CONTENTS

目 录

第四部分 语法修辞 / 135

CONTENTS

有问必答——小学语文教学疑难答问(第二辑)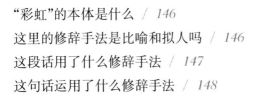

CONTENTS

目 录

CONTENTS

有问必答——小学语文教学疑难答问(第二辑)

第一部分　偏旁笔画

"吞"的第一笔是什么

杜老师：

　　在教学生书写"吞"字时，我一直认为"吞"的第一笔是横。但我今年在教学统编教材三年级《搭船的鸟》一课时，发现教参上明确写着"要提醒学生'吞'字第一笔是平撇"。是我一直都教错了吗？我询问了同事，他们的答案各不相同。请问这是怎么回事呢？

安徽省宣城市第三小学　彭素萍

彭老师：

　　1965 年中华人民共和国文化部和中国文字改革委员会联合发布了《印刷通用汉字字形表》。这个字形表对若干字形进行了调整，使印刷体接近手写楷体。现在各种工具书里的《新旧字形对照表》就是根据这个表制定的，其中的"新字形"就是现在使用的规范字形。从《新旧字形对照表》里可以看出，"吞""蚕""添"等字上面的"夭"调整为"天"。也就是说，这些字的第一笔由"撇"调整为"横"。

　　现在，《新华字典》等工具书中"吞"字的第一笔是"横"。有的工具书，如《现代汉语规范字典》（上海辞书出版社，2015 年版）在"吞"字条，特别提醒读者，"吞"的"第一笔是横，不是撇"。虽然字形的调整在《新旧字形对照表》里显示得很清楚，但是有些人没有注意到，仍然采用旧字形的写法，因此造成了对字的写法的意见分歧。

　　建议您在教学中采用新字形的写法，将"吞"字的第一笔写成"横"。

杜永道

"鼠"字的部首是什么

陈老师：

　　统编教材五年级上册《松鼠》一课中有生字"鼠"，人民教育出版社出版的《新编学生字典》中有"臼"这个部首，却查不到"鼠"字，而只能查"鼠"部。"鼠"字部首为何是"鼠"，而不是"臼"呢？请赐教！

安徽省六安市三里桥小学　王　锋

王老师：

　　部首是汉字字典编纂者根据汉字的字形排列汉字时创造的一个词典学概念。最早的部首是东汉时期许慎在字典《说文解字》中规定的。许慎将具有同一偏旁的合体字集合在一起，称为部；将该部共有的偏旁列在该部之首，即为部首。这些部首都是独体字，在该部的合体字中充当具有表意功能的形旁，所以，最早的部首都是字。

　　随着汉字形体的演变，后世的字典中规定，不成字偏旁、笔画也都可以充当部首，但大部分部首还是由独体字充当的。"鼠"从《说文解字》开始就是部首，一直沿用到今天，因而"鼠"的部首不是"臼"，而是它本身。

陈　薇

"腾"字的部首是什么

黄老师：

　　教学"腾"字时，在字典中，部首"月"和"马"都能查到这个字。为什么"腾"字会有两个部首呢？考试时，若试题问该字的部首是哪一个，又该让学生怎么回答呢？

广东省广州市花都区乐泉小学　黄　禹

黄老师：

"腾"是马形，朕声的形声字，《说文》析义为"传也"，本义是古代用驿马传递文书，传递文书常策马奔驰，由此引申出奔腾、腾跃等义。古代的《说文解字》等字典是依形旁作部首的，可称为"字源部首"，所以查"腾"字要查"马"部，查"月"部是查不到的。现代的《新华字典》等为了便于普通民众查字多开了一扇门户，把一些构字率较强的声旁或比较凸显的部件也作为部首，这属于单纯的"检字部首"，所以"腾"在《新华字典》里查"马"或"月"都能查到。

考试时若问及该字的部首，说"马"或"月"都是可以的。但识字教学时，我们应尽量引导学生去寻找它的"字源部首"——"马"，这有利于学生识记其形义。若说是"月"字也行，只是便于查字罢了，与理解形义无关。

黄亢美

"目"的第二笔是什么

杜老师：

我想请教一下，统编教材一年级上册第三课中"目"字的第二笔的笔画。教师用书中写的是"横折"，而教材上笔顺范写却是"横折钩"，请问针对这一笔该如何指导学生进行书写？

青海省西宁市城西区兴海路小学　赵　冰

赵老师：

"目"的宋体字的第二笔是"横折"，"目"的楷体字第二笔是"横折钩"。字号较大时，两者的不同看得更清楚。另外，"目"中间的两横，宋体字与左右两边相接，而楷体字与左边相接，与右边相离。

杜永道

"兜"字上半部分如何书写

杜老师：

我在教学生字"兜"时遇到了一个问题："兜"字上半部分的笔顺到底是怎么样的？教参是从左到右的顺序，而"百度"搜索的结果却是"先写'白'，再写左右两边"的说法，且占多数。于是，我又查阅了《现代汉语通用字笔顺规范》，也是倾向于先写中间的"白"字，再写两边的部件。那么，到底哪个答案才是正确的呢？

浙江省湖州市吴兴区弁南小学　管　艳

管老师：

您查阅《现代汉语通用字笔顺规范》的做法是正确的，根据这个规范，"兜"字上半部先写中间的"白"，再写左边的部件，之后写右边的部件。建议您按照这个规范的笔顺进行教学。

杜永道

"及"与"乃"字的笔顺有章可循吗

杜老师：

"及"和"乃"第一笔与第二笔都是撇与折笔的关系，但"及"是先写"撇"，"乃"是先写"横折折折钩"。教学时，我只能要学生死记，或让学生记住我总结的规律：折笔带钩的，先写折笔，如"乃"。折笔不带钩的，先写撇，如"及"。但收效甚微，不光学生容易写错，老师也时常写错。请问：这种字的笔顺有章可循吗？

安徽省六安市三里桥小学　袁学玲

袁老师：

汉字书写的笔顺规则不是造字的时候规定的，而是人们在长期书写实践中慢慢总结出来的。有时候，笔顺是人们的一种书写习惯。但是，习惯中也隐含了便于书写的道理。

您提到的"及"的第一笔是"撇","乃"的第一笔是"横折折折钩",这或许是因为:"及"先写"撇",比较符合一般先左后右、最后写捺的规律;"乃"先写"ㄋ",后写"撇",易于控制撇的长短,也就是易于控制整个字的大小。

这是我个人的体会,供您参考。

杜永道

有问必答——小学语文教学疑难答问（第二辑）

第二部分　语音文字

"躯壳"的"壳"怎么读

杜老师：

　　北师大版小学五年级语文下册第 5 单元第二篇课文《种子的梦》中"躯壳"的"壳"有的老师念 ké，有的老师念 qiào。请问应该怎么读。恳请指教。

江西省新余市分宜一小　黄新仁

黄老师：

　　"壳"有文读和白读两个读音。文读是 qiào，白读是 ké。在书面语色彩的词语中宜文读。例如：

　　（1）虾和螃蟹都是甲壳（qiào）动物，这一带水域养殖的不少。

　　（2）地壳（qiào）由坚硬的岩石组成，大陆地壳（qiào）平均厚度为 35 千米。

　　（3）壳（qiào）菜是一种软体动物，生活在浅海区。

　　（4）他用金蝉脱壳（qiào）之计，逃离了敌人的虎口。

　　在口语色彩的词语中白读。例如：

　　（5）这是由报废的汽车壳（ké）子改装的。

　　（6）他在海边捡了许多好看的贝壳（ké）儿。

　　文读时一般不单说，白读时可以单说。例如：

　　（7）桌子上有一堆鸡蛋壳儿。

　　（8）孩子的口袋里有个子弹壳儿。

　　（9）他把地上的花生壳扫到簸箕里。

　　这时"壳"在口语中多儿化，儿化后的"壳儿"往往有"小而圆"的含义。从上面的例子可以看出，您提到的"躯壳"中的"壳"宜读 qiào，《现代汉语词典》《现代汉语学习词典》等工具书,也是这样给"躯壳"注音的。

杜永道

这里的"带"是否应改为"戴"

杜老师：

　　我教人教版六年级上册《少年闰土》一文后,发现第 1 自然段第 2 句"其间有一个十一二岁的少年,项带银圈,手捏一柄钢叉,向一匹猹尽力地刺去"中,"项带银圈"的"带",我觉得应该换成"戴",不知对否? 请您指教。

贵州省织金县三塘镇哨岗小学　李效民

李老师：

　　"带"表"随身携带","带"的东西多为工具、枪支、行李、食物、家属等。例如:

　　(1) 他带了两把作用不同的钳子。

　　(2) 这几个人身上都带着枪,你们要格外小心。

　　(3) 大家带的行李放在车上吧,咱们先去吃饭。

　　"戴"指头顶着,也泛指把物品放在头、面、胸、臂、颈等处。"戴"的东西常是帽子、眼镜、项链、红领巾、徽章、臂章、手表、手套、戒指、手铐等。例如:

　　(1) 他戴上帽子,又戴上眼镜,最后戴上手表。

　　(2) 她先戴上项链,再戴上戒指,又戴上手套,才走出房门。

　　(3) 迎面来了三个戴红领巾的孩子。

　　(4) 警察带手铐来到现场,给犯罪嫌疑人戴上手铐。

　　"佩带"指把物品挂在或者别在身上,比较常见的是指把枪、刀、剑等插或挂在腰间;"佩戴"指把徽章、符号或其他标志物固定在制服的肩、胸、臂等部位。例如:

　　(5) 请护士给这几位病人佩带心脏起搏器。

　　(6) 参加会议的人员请将佩带的手枪交给工作人员保管。

　　(7) 从这几位军人佩戴的肩章上看,他们都是将军。

（8）前来吊唁的人臂上都佩戴着黑纱。

另外，"戴孝""披星戴月"不宜写成"带孝""披星带月"。

以上是现代汉语中"带"跟"戴"的不同用法。但是过去，"带"曾有"戴"的用法。例如：

（9）头带斜角方巾，手持盘头拄拐。（《初刻拍案惊奇》卷十二）

（10）满头带着都是玛瑙、珊瑚、猫儿眼、祖母绿……（《红楼梦》第五十二回）

（11）必有面带大圆眼镜，手持长杆烟筒……（严复《道学外传》）

（12）一个带压发帽的瞅了一眼缴费单。（张天翼《包氏父子》二）

教材中"项带银圈"中的"带"自然也是过去的用法，编者没有改动，是为了保持作品当年的原貌。当然，应当向学生说清楚，按照现在的语文规范，学生在作文中宜采用"戴项圈"的写法。

杜永道

"儿"读第几声

杜老师：

在统编教材一年级课文《小小的船》中，"儿"的注音都是第二声。老师们对这个字的读音有两种看法：一种观点是应遵循口语习惯，"儿"读轻声；另一种观点是"儿"读第二声，这样课文读起来有韵律感。我个人认为，"儿"在课文中读第二声，但教授"月儿""船儿"时，还是应读轻声。这种观点对吗？

山东省东营市垦利区第二实验小学　张　雯

张老师：

根据课文注音读第二声，是没有问题的。不过，在实际的口语中，特别是朗读儿歌、歌谣的时候，人们往往把"船儿""月儿""云儿"这类词语中的"儿"读得比较轻。也就是说，读成了"重轻"的格式。因此，按照口语习惯把您提到的"月儿""船儿"后一音节轻读，也是可以的。我赞同您的看法。以上意见供参考。

杜永道

为何读谁(shuí),不读谁(shéi)

杜老师:

　　统编教材一年级《语文园地》"和大人一起读"中有一篇短文《阳光》,其中有一个句子:谁也捉不住阳光,阳光是大家的。这里的"谁",注音读 shuí。

　　我查了《现代汉语词典》,1983 年以前的版本,都以"谁"shuí 为主注释:你找谁? (读 shuí),"谁"shéi,"谁"shuí 的又音。而从 1998 年的修订本到现在的第 7 版,都以"谁"shéi 为主注释:你找谁? (读 shéi),"谁"shuí,"谁"shéi 的又音。

　　笔者查完后有点疑问:课文里的"谁"为什么读 shuí? 生活中我们常问:你是谁(shéi)? 很少听到 shuí 的读音了。文章里的"谁",为何读 shuí,不读"谁"shéi?

　　请您百忙中解答一下,谢谢。

山东省莱州市第二实验小学　姜秀珍

姜老师:

　　"谁"有两种读音,一种是文读 shuí,另一种是白读 shéi。采用这两种读法时,意思不变,是相同的。一般在口语中,人们都说 shéi;在读古诗文时,多读为 shuí。您注意到词典里这个字的变化,看来这种变化是将口语中常说的 shéi 调整为主要的读音。我想这是很有道理的。

　　正如您所说,孩子口语中常说的也是 shéi。《阳光》是口语化的短文,其中的"谁"注音为 shéi 是比较妥当的。如果是给古诗文注音,则可注音为 shuí。因此,您在教学中读 shéi 是比较妥当的。

杜永道

这里的"薄"读第几声

杜老师:

　　人教版六年级课文《匆匆》里,"薄雾"这个词的读音我一直拿不准。这里的

"薄"究竟读 bó,还是 báo? 期待您的解答,谢谢!

山东省德州市庆云县金书小学　李文秀

李老师:

　　"薄"是个文白异读字,在带有口语色彩的词语里,或者单说的时候,白读为 báo;在带有书面语色彩的词语里,要文读为 bó。"薄雾"指稀薄的雾,或者淡淡的雾。"薄雾"是个有书面语色彩的词语,在例如"薄雾弥漫,细雨纷飞"这种书面上的语句中用得多些。

　　在《现代汉语大词典》(商务印书馆国际有限公司,2015 年版)、《现代汉语常用词表》《汉语拼音词汇》等工具书中,"薄雾"的注音均为 bó wù,是有道理的。建议您在教学中采用这一读法。

杜永道

"一"是多音字吗

陈老师:

　　统编教材一年级上册"汉语拼音"单元第 6 课课文标题《在一起》中的"一"注音为 yì。第 1 课《秋天》中,"一片片叶子从树上落下来"一句中的"一"注音为 yí,"一群大雁往南飞"一句中的"一"注音为 yì,"一会儿排成个'人'字"一句中的"一"注音为 yí,"一会儿排成个'一'字"一句中"'一'字"的"一"注音为 yī。在本册课后识字表中的"一"注音为 yī,也没有多音字的蓝色标志。

　　那么,"一"到底是不是多音字呢? 敬请赐教! 谢谢!

北京陈经纶中学嘉铭分校小学部　朱海宇

朱老师:

　　在普通话系统中,"一"字在朗读和口语表达时,其声调会受到前后音节声调的影响而需要读另一种声调。"一"字的变调规律如下:①在单念、位于词末和句尾、作为序数时,读原调第一声。②在第四声前面时,读第二声。③在第一、第

二、第三声前面时,读第四声。④夹在重叠的两个动词中间时,读轻声。

《汉语拼音正词法基本规则》是汉语拼音注音拼写的国家标准,其中规定:"声调一律标原调,不标变调。"也就是说,"一"在书面上用汉语拼音标注时标原调,不标示变调,但在实际朗读时要按变调来读。同时该条还有一句特别说明:"语音教学时可以根据需要按变调标写。"所以一二年级教材课文的汉语拼音注音,都是按照实际变调来标写的,这是符合国家标准的。

可见,"一"不是多音字,"一"的变调却是普通话教学的难点之一。

陈　薇

这副数字联中的"更"字读什么音

杜老师:

人教版五年级下册《语文园地三》的"日积月累"中第 2 句——"一夜五更,半夜二更有半;三秋九月,中秋八月之中。"(数字联)中有两处"更",在授课时有学生读 gēng,也有学生读 jīng。

课后我查阅了商务印书馆出版的《现代汉语词典》(第 5 版),发现词典上有 gēng 和 gèng 两个读音,并没有找到读音 jīng。但是,我们往往在广播电视节目或影视作品中会听到三更(jīng)半夜,打更(jīng)之类的说法。在这一副对联中两个"更"字又该怎么读呢?

浙江省湖州市东风小学教育集团　管　艳

管老师:

"更"表示古代夜间的计时单位时,读 gēng。一夜五更,每更约两小时。晚上七点至九点为"初更","五更"是最后一个更次。过去,表示这个意思的"更"有您提到的 jīng 的读法。例如在 1937 年出版的《国语辞典》中,除了说表示夜间计时单位的"更"读 gēng 外,还说在北京话里这个"更"也读 jīng。这种读法在口语中也存在。1963 年的《普通话异读词三次审音总表初稿》中规定,"五更"的"更"读 gēng,还特别说明"不取 jīng 音"。此后,工具书中提到"更"表古代计时单位时,读音都是 gēng,所以您在词典里没有找到"更"的 jīng 音。

在《北京话词典》(中华书局,2013 年版)里,"打更"的注音是 dǎ jīng。这表明,方言里仍有这种读法。不过,建议您在语文教学中,采用规范的读音,把"打更""五更""三更半夜"等词语中的"更"读为 gēng。

杜永道

"降"是形声字还是会意字

黄老师:

在统编教材一年级下册识字单元的第一课《春夏秋冬》会认的字中有个"降"字,这个字到底是形声字还是会意字呢?

内蒙古包头市包钢实验一小　姜　杰

姜老师:

我们先来分析一下"降"这个合体字的两个部件:"夅"的甲骨文字形写如"𱣺",像两只朝下的脚趾形,读音 xiáng。用两脚向下行走会意为下降的意思。后在左旁加"阝","阝"是"阜"的简形。《说文》析"阜"为"大陆,山无石者",即"阝",就是指高大的山岭。由此,"夅"与"阝"组合起来就是两只脚从山岭上往下行走,故有下降的意思。

因此,"降"当为会意字,因"夅"读音 xiáng,也兼表声,于是又可视为会意兼形声字。

黄亢美

"嚎叫"还是"号叫"

陈老师:

我们小测验的时候遇到一道题目,写出用来表示大声叫的词语,有的学生写

"嚎叫",也有学生写"号叫"。我们老师也争论不休,这两种写法哪个对呢?

甘肃省榆中县和平小学　徐殿萍

徐老师:

如果您的测验题目仅仅是要求写出"用来表示大声叫的词语",学生写"嚎叫"或"号叫",都是正确的,因为这两个词的基本义都是表示大声叫喊。如果您的测验题目还有其他限制的话,就要仔细区分这两个词了。

"嚎叫"更强调叫喊的声音很大,往往表达愤怒的情感,多用于动物,如"荒野里,不时传来动物的嚎叫"。用于人时,是比拟用法,如"敌人野兽般地嚎叫着"。

"号叫"更强调拖长声音叫喊,多用于人,有时带有痛苦的情感,比如"她一边哭,一边号叫着"。用于动物时,是比拟用法,如高尔基的《海燕》中"它(指海燕)笑那些乌云,它因为欢乐而号叫。"

还有一个也表示大声叫喊的词语"嗥叫",则只用于描述狼、狗一类动物的叫声,不带感情色彩。用于人时,也是比拟用法,如"敌军营长恶狠狠地嗥叫道:'全村的房子都烧掉。'"

陈　薇

此处该用"洒"字吗

杜老师:

人教版六年级下册《藏戏》一课第6自然段中有这样一段话:"随着雄浑的歌声响彻雪山旷野,有人献出钱财,有人布施铁块,有人送来粮食,更有大批的农民、工匠跟着他们,从一个架桥工地,走到另一个架桥工地……藏戏的种子随之洒遍了雪域高原。"

其中"藏戏的种子随之洒遍了雪域高原"一句中的"洒"字,在《新华字典》中有两种解释,分别为:①把水散布在地上,扫地先～些水。②东西散落,～了一地粮食。"洒"的同音字"撒"在《新华字典》中的解释为:①散播,散布,～种。②散落,洒:小心点,别把汤～了。

根据字典的解释，我认为这里用"撒"字更合适，不知有没有道理，恳请杜老师赐教。

山东省滨州北海经济开发区第一实验学校　张景安

张老师：

我赞同您的看法，"藏戏的种子随之洒遍了雪域高原"中的"洒"调整为"撒"更好些。

"洒"多用于液体，常用于水。例如，"洒泪""别把油碰洒了""汤洒出一点儿""细雨飘洒""先洒水，再扫院子"中，一般用"洒"。

"撒"多用于固体，常用于颗粒、粉末、片状的物体。例如，"袋子破了个小口，豆子撒了出来""年糕上撒了一层白糖""小纸片撒了一地"中一般用"撒"。另外，表示"散落"的意思时，如果指液体，宜用"遗洒"，如"杜绝油罐车遗洒油料"；如果指固体，宜用"遗撒"，如"防止运输时遗撒垃圾"。

据权威网站观察，"撒下种子"的用量是"洒下种子"用量的十几倍。可见，说到种子等物体的分散落下时，用"撒"是社会的主流用法。工具书介绍"洒""撒"两字的含义时，各有侧重，即"洒"多用于液体，"撒"多用于固体。虽然课文里说的"藏戏的种子随之洒遍了雪域高原"是一种比喻性的说法，但是字面上仍是"sǎ……种子"，因此用"撒"为宜。

顺便提及，说到阳光时，最好用"洒"。如"春天来了，温暖的阳光洒满大地"。

杜永道

音节包括声调吗

杜老师：

在低年级教学的测验中，我们经常遇到"写出某个汉字的音节"这种题目。有的老师认为音节应该包括声调，有的认为不用加。恳请杜老师解答。

上海市闵行区莘松小学　范一好

范老师：

音节是汉语中自然感到的最小的语音片段。一般说，一个汉字的读音就是一个音节。音节从构成上看，包括声母和韵母，而汉语中的音节还有一个贯穿音节的声调。这么说起来，汉语中的音节包括声母、韵母、声调三个组成成分。这是从汉语中音节构成的角度来说的。

您提到的"写出某个汉字的音节"这个给学生出的题目是否要求加声调的问题，我感觉，或许应该跟教学实际相关联。如果学生刚学了声母和韵母，老师重点考查学生是否了解音节中声母和韵母两部分，这时候，让学生写音节，可以不要求写出声调。如果学生已经学过声调，则可以要求加上声调。不过我想，这种对音节知识的要求，最好跟汉字教学结合起来。这是我的想法，不一定符合小学教学实际，供您参考。

另外，我就此询问了人教社的有关同志，答复是："要求写出'字的音节'是超标的。如果一定要让学生写，是应该带声调的。"我觉得这个答复是符合教材要求的，建议您采纳。

杜永道

"的"还是"得"

杜老师：

我在教学人教版四年级下册《万年牢》时，读到这样一个句子："父亲甩的可漂亮了，好像聚宝盆上的光圈。"按语法要求，这里应该是："父亲甩得可漂亮了。"这里是出错了，还是应该理解为"父亲甩的（糖风）可漂亮了"的省略呢？请杜老师给予解答。谢谢！

安徽省淮南市淮南师范附属小学　程晶晶

程老师：

《万年牢》这篇课文中说："父亲教我在石板上甩（shuǎi）出'糖风'来，那是在糖葫芦尖上薄薄的一片糖。过年的糖葫芦，要甩出长长的糖风。父亲甩的可漂亮了,好像聚宝盆上的光圈。"

从这个小片段可以看出,"糖风"是指"糖葫芦尖上薄薄的一片糖"。课文中"父亲甩的可漂亮了,好像聚宝盆上的光圈"是说父亲甩出的"糖葫芦尖上薄薄的一片糖"很漂亮,"好像聚宝盆上的光圈"。也就是说,"父亲甩的"是指"父亲甩出的那片糖"。像光圈的,是那片糖。这里的"父亲甩的",可以理解成"的"字结构。汉语中的"的"字结构是名词性的,常用来指某人或某事物,例如:

(1) 新来的要向老同志学习。

(2) 老同志要帮助新来的。

(3) 刚炸(zhá)出来的好吃。

(4) 我要刚炸(zhá)出来的。

(1)中的"的"字结构"新来的"做主语,(2)中的"的"字结构"新来的"做宾语,(3)中的"的"字结构"刚炸出来的"做主语,(4)中的"刚炸出来的"做宾语。"父亲甩的可漂亮了"中,"的"字结构"父亲甩的"做主语。

杜永道

"奔向"的"奔"应该怎么读

陈老师:

统编本语文二年级下册第2课《找春天》中有这样一句:"我们几个孩子脱掉棉袄,冲出家门,奔向田野,去寻找春天。"这句中的"奔"字是多音字,读音分别是 bēn 和 bèn。因为课文没有注音,有的老师在教学中读成第一声 bēn,也有老师读成第四声 bèn。

我查阅了《现代汉语词典》,"奔"读第一声时有"奔走、急跑"的意思,读第四声时有"直向目的地走去"的意思。结合词典解释和例子分析,我认为这里的"奔"应该读第四声 bèn。不知道这样理解是否妥当?

敬请赐教! 谢谢!

广东省广州市花都区新华街第五小学　毕丽颜

毕老师：

目前，推荐小学语文教师使用的语文工具书主要有三本：《新华字典》《现代汉语词典》《现代汉语规范词典》。综合对比分析上述三种工具书对"奔"的注音、解释和举例，可以看出：

"奔"（bèn）在表示快跑的同时兼表示方向或目的，"朝、向"的意思是包含在"奔"字之中的，因此"奔"后面不用介词，直接带表示目的或地点的宾语，如直奔学校/奔小康。

"奔"（bēn）的主要语意在于仅表现快跑，一般不带宾语，如狂奔/奔驰。如果需要说明跑的方向、目的，就要在"奔"（bēn）的后面用"到""向"等介词引出地点或目的，如奔到妈妈跟前/奔向小康。

所以，"奔小康"的"奔"读第四声 bèn，而"奔向小康"的"奔"读第一声。同理，"奔向田野"的"奔"应读第一声 bēn。

陈　薇

"观赏"和"欣赏"有什么区别

杜老师：

在练习册的检测中我们遇到了一道选词填空的题目。

欣赏　观赏

1. 春节期间，爸爸带我到中山公园（　　）了在这里举行的全市花卉展览。

2. 叔叔送给我一张巴西国家队对中国国家队的足球赛门票，使我有幸坐在工人体育场的看台上（　　）到一场高水平的精彩球赛，真是太开心了。

这道题中的"欣赏"和"观赏"应该怎样选择？这两个词有什么区别？恳请您指教。

湖北省襄阳市樊城区磁器街小学　李　静

李老师：

"欣赏"和"观赏"都用于美好的事物，但使用对象稍有差别。

"欣赏"的对象可以是看见的、听见的或感受到的。例如：

（1）孩子们和家长一起欣赏了魔术表演。

（2）小刘喜欢去音乐厅欣赏民族风格的交响乐。

（3）我们都很欣赏他的文学才华和在困难面前的乐观精神。

（4）老王很欣赏这部作品的艺术风格。

"观赏"指观看欣赏，一般用于眼睛能看得到的事物。例如：

（5）秋天我常去景山公园观赏菊花。

（6）大家一起观赏了孩子们的武术表演。

您提到的练习中的"花卉展览"和"球赛"都是眼睛能看到的，因此用"欣赏"和"观赏"都是可以的。

杜永道

"太阳"一词是否读轻声

杜老师：

教学统编教材一年级《四个太阳》一课时，我看到课文对"太阳"一词的注音是 tài yáng，但听录音有的读轻声，有的又不读轻声，网上说法又不一致。请问，"太阳"一词是不是轻声词？

广东省广州市花都区圆玄小学　许连生

许老师：

"太阳"一词在普通话里是两读的，可以读成中重格式的 tài yáng，也可以读成重轻格式的 tài yang。因此，这两种读法都是可以的。不过，建议您在教学中范读时采取一种读法，一以贯之。

杜永道

关于"死"字的结构

黄老师：

我们在教学统编教材二年级下册第 10 课《沙滩上的童话》一课时，《教师教学用书》提示说"死"是个上下结构的字，而翻阅其他的教学参考书则有的说是半包围结构，也有的说是独体结构。对此我们感到很茫然，不知哪个说法才是最准确的，特向您询问。致谢！

陕西省西安市沣东实验小学　梁艳妮

梁老师：

关于"死"字的结构分析确有歧说，究其原因主要是结构划分的"根据"不同所致。一般来说，识字教学时进行结构分析重在辨析字理，理解字义；写字时进行结构分析重在考虑结构的协调和美观。

"死"的甲骨文有"🄑""🄑"等写法，"歹"的古文字像尸骨形，旁有一人躬着身子或跪在尸骨旁，以此表示对死者的哀悼。《说文》析形为"从歹，从人"。因此，"死"的古文字是个左右结构的会意字。现楷体字"死"把"歹"上部的横拉长成了"🄑"形，从识字教学的角度来说，这是用"歹"包"匕"的半包围结构，这样分析才符合其造字理据。

教学参考用书提示"死"是上下结构"一"字头，是一种写字时的结构分析。

黄亢美

"骆驼"的"驼"怎么注音

杜老师：

统编教材二年级上册第七单元《语文园地》"识字加油站"里的"骆驼""驼"的注音是第二声，可是在《现代汉语词典》(第 7 版)和《新华字典》(第 11 版)中"骆驼"的"驼"标注的都是轻声。如果遇到给加点字注音的情况，"骆驼"的"驼"到底应该标第几声?

河北省沧州市第二实验小学　李　敏

李老师:

"识字加油站"主要是帮助学生识记汉字的,因此这里是给单字注音,所以其中"骆驼"的"驼"注的是本调。在主要学习汉字的阶段,涉及汉字的练习,您可让学生注本调。

的确,"骆驼"在工具书中以及口语中,是个轻声词。在 2019 年 5 月出版的《义务教育常用词表》(商务印书馆)中,"骆驼"也是轻声词,其中的"驼"注为轻声。以后学生学习词语时,在词语的练习中,您可让学生给"骆驼"的"驼"注轻声。

杜永道

"着"在此处读什么

杜老师:

统编教材六年级上册第 2 课《丁香结》中,"在细雨迷蒙中,着了水滴的丁香格外妩媚"一句的"着"字读什么音?

课上有学生读 zháo,也有学生读 zhuó。课上我也读成 zháo,因为"着凉""着火"就是读 zháo。课后我问了同事,有的认为读 zhuó,也有的说是读 zháo 的。

请问这一句的"着"字是什么意思? 在此处究竟读什么?

浙江省湖州市东风小学教育集团　管　艳

管老师:

"在细雨迷蒙中,着了水滴的丁香格外妩媚"一句的"着"字,您在课堂上的读法是正确的。

的确,"着"字读 zhuó 和 zháo 时,都可以表示"接触"一类意思。这种情况表明,"着"是个文白异读字。也就是说,表示"接触"一类意思时,在书面色彩的词语中,宜采用文读读法,读 zhuó。在口语中单说,或者在口语色彩的词语中,宜采用白读读法,读 zháo。

"着了水滴的丁香"中,"着"是单说,宜读 zháo。在《新华多功能字典》(商务印书馆)中,有"手指破了不能着(zháo)水"的用例,在《现代汉语大词典》(商务印书馆国际有限公司)中,有"着(zháo)水"的用例,其中的"着"跟"着了水滴的丁香"中"着"的用法是相同的。

杜永道

"乖巧"与"驯良"的词语解析

黄老师:

统编教材五年级上册《松鼠》的第一句话是"松鼠是一种漂亮的小动物,乖巧,驯良,很讨人喜欢"。在教学中,我感到"乖巧"和"驯良"这两个词在形义上比较难讲清楚,特别是"乖"和"驯"两个字的字理也比较模糊,特向您请教。

江苏省南通市中创区第一实验小学　姜树华

姜老师:

你提到的"乖巧"和"驯良"两个词的教学,特别是"乖"和"驯"两个字的字理对于学生来说的确是有一定难度的。"乖"(guāi)是个会意字,小篆写作"乖",上部像弯曲的羊角形,由羊角向两边扭曲引申出违背、不顺的意思。"北"的甲骨文写作"北",是两人相背形,也含不顺、相反意。由反向不顺、有违常理引申为性格行为上的怪僻、乖张,词语如:乖僻、乖戾、乖舛。宋代后,人们反其意而用之,于是就有和顺、顺从的意思。这是训诂学中的"反训",即一个词同时具有两种相反的意义。现代语词"小乖乖""这小孩真乖",这里的"乖"就是温顺听话的意思。

课文词语"乖巧"即是温顺听话又灵巧的意思。"驯良"的"驯"从马,川声兼义,意为马通人意,服从主人役使。"川"是水流,用江水一直东流且朝下流表示温良顺从。从字理上解析这两个词语的形义后,再引导学生寻找课文里的具体描写就能形象地理解感知词义了。

黄元美

"麦苗儿""桑叶儿"该怎么读

杜老师:

教学统编教材二年级上册《田家四季歌》一课时,我看到课文对"麦苗儿""桑叶儿"两词的注音是"mài miáo ér""sāng yè ér",《教师教学用书》也建议此处不应读成儿化音。

请问这两个词该怎么读? 如果这两个词在这里不读儿化,是为什么? 希望得到您的解答,非常感谢!

广东省广州市花都区圆玄小学　许连生

许老师:

如果是在叙述性的文章里,"麦苗儿""桑叶儿"两词都宜读成儿化词。也就是说,发音时要在"麦苗""桑叶"后面加一个卷舌动作。这时的发音没有增加音节,"麦苗儿""桑叶儿"仍分别是两个音节。

《田家四季歌》是一首儿歌,共有四段,每段说一个季节。每段三行,字数相等。"麦苗儿""桑叶儿"处于第一段的第三行。把这里的两个"儿"读成独立音节,就使得有"麦苗儿""桑叶儿"的这一行,跟其他几段第三行的字数相等。这样,听起来就显得整齐、规律,节奏一致。《教师教学用书》的建议是有道理的。建议读这两个独立成音节的"儿"时,轻一些。

以上意见供您参考。

杜永道

"见"在此处读什么

黄老师:

我想请教一下统编教材六年级上册古诗《西江月·夜行黄沙道中》最后一句"路转溪桥忽见"中"见"的读音。旧教材中也有这首诗,"见"字因为同"现",所以我一直是读 xiàn 的。但现在我听了这首诗的课文朗读,都是读作 jiàn 的。请问这个字到底读什么? 因为现在很多字的读音经规范化后已经改变了,所以特向您请教。

浙江省德清县高桥小学　郭洪明

郭老师:

你询问古诗《西江月·夜行黄沙道中》最后一句"路转溪桥忽见"中的"见"的读音是 xiàn 还是 jiàn,我认为还是读 xiàn 为好。一是从语意上来看,句意是说山路一转,曾经记忆深刻的溪流小桥就呈现、出现在眼前,所以还是当作"现"的通假字为好。

另外,课本是教学之本,是教学的凭据,课本注释⑥里也已经明确提示"〔见〕同现",所以直接读 xiàn 自然是没问题的。他人的朗读仅供参考罢了。

黄亢美

"谢"字为什么表脱落

黄老师:

二年级上册《我要的是葫芦》一课中,"花谢了"的"谢"是本课要写的生字,"谢"是个用"言"作形旁表义的形声字,而课文中的"谢"是凋落、脱落的意思,与"言"的字义相距较远。我怎样讲解才容易使学生明白呢?

广西南宁师范大学初等教育学院实习生　钟海莲

钟老师：

你询问的《我要的是葫芦》一课中，"花谢以后，藤上挂了几个小葫芦"的"谢"的确是个言形、射声的形声字。《说文解字》对"谢"析义为"辞去也"，意为古代官员到了规定的年龄后就要向朝廷请求辞官，请辞时自然要陈述理由并"谢恩"，如此的"辞谢"当然与"言"有关。辞官离职，告老还乡，也就含有"离开"之意。辞官者多因年纪大了不再胜任工作，故请辞，这也含"新陈代谢"之意。花开至盛，渐而衰落，因此"谢"就由其辞官离岗的本义，又引申将花脱落称为"花谢"了。

黄亢美

"缸"和"瓮"意思相近，可以通用吗

黄老师：

统编教材三年级上册《司马光》一课中有句"光持石击瓮破之"。查阅《现代汉语词典》可知，"缸"为"盛东西的器物，一般底小口大，有陶、瓷、搪瓷、玻璃等各种质料的"；"瓮"为"一种盛东西的陶器，腹部较大"。

请问："缸"和"瓮"两者意思相近，可以通用吗？恳请指教。

山东省淄博市博山区实验小学　边增喜

边老师：

"缸"和"瓮"都是形声字，《说文》析解"缸"为"瓨"，可见，从瓦或从缶都说明是陶制的容器。诚如你所言，这两者的区别首先从外形上便能区分，即敞口为缸，收口为瓮。其次是用途不同，缸可盛水装米面，口大便于舀取；口大还可用来养鱼种莲，便于观赏。瓮肚大、容量大，口小易密封，多用来腌菜做酱，还可用来养动物，比如养龟蛇等，动物在里面比较安静且不易逃脱，由此还引出"瓮中捉鳖"一词。

此外，瓮由于口小肚大，震动时会产生共鸣，故有"瓮声瓮气"一词。古时守城将士将瓮埋于城墙拐角处，敌方骑兵临近时，空腔的瓮收集到声波后便会嗡嗡作响，给守城的士兵传递信号。

课文说司马光"持石击瓮"可信,瓮口小,内里犹如悬崖,小孩落入难以攀援,故司马光急中生智"持石击瓮"。

从上可见,古代"瓮、缸"有别。现代口语上已不怎么区分,不少地方统称"缸",但书面语上还是要区分清楚的,如"瓮声瓮气"就不能说"缸声缸气","请君入瓮"就不能说成"请君入缸"。

黄亢美

"弯"和"迹"声符的写法为什么不一样

黄老师:

想请教您一个问题:"弯"和"迹"两个字里都有"亦"字,在"弯"字里"亦"没有留钩,但在"迹"却留了钩。同样"变、栾、銮"等字里没留钩,"奕、弈"却留钩,这是什么原因呢?

广西柳州市景行双语实验学校 王慧媛

王老师:

"弯"繁体是"彎",从弓,䜌声。"䜌"是从言,从絲的会意字,读音 luán,《说文》析义为"乱也",即是梳理乱丝的意思。另说以"絲"和"言"表示说话连绵不绝。"䜌"多作声符,如"彎、變、欒、蠻"。国家语委于 1986 年重新公布的《简化字总表》里,第二表将"䜌"简化为"亦",第三表列出了根据这个简化偏旁类推出来的简化字"变、弯、孪、峦、娈、恋、栾、挛、鸾、湾、蛮、脔、滦、銮"。所以,在这些字中,字音都与"䜌"字("亦")相同或相近,"亦"是"䜌"这个声旁的简化符号,故无钩。

"亦"读音 yì,指事字,甲骨文写如"夼",像跨腿伸臂的人形,左右两点是指示符号,特指人的腋窝,是"腋"的古字。异体写成"夾",规范字是"亦"。楷体"亦"下部竖撇和竖钩也可以想象成人站立时跨开左脚,右脚直立还凸显脚趾之形。"亦"多作声符,如"迹、奕、弈","亦"含人形,用它作声旁的字多与人的形态有关。

综上,"亦"作为偏旁,在书写时是否有钩,大多数情况下取决于该字的读音。

黄亢美

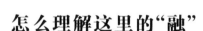

怎么理解这里的"融"

黄老师：

在教学杜甫的五言绝句"泥融飞燕子"一句时，我对"融"字的理解有疑惑。为什么"泥融"是"泥土湿软"的意思呢？它的形义是怎样的？

陕西省西安市新城区东方小学　杨　晓

杨老师：

"融"是个形声字，声旁是虫，形旁是"鬲"，读音lì，甲骨文写如 ，是古代三足的鼎类蒸煮炊具。《说文》对"融"析义为"炊气上出也"，教学时可引导学生想象蒸煮食物揭盖时热气升腾的情形。热气上升到一定高度便逐渐消失，由此引申为冰雪等物的融化。

杜甫诗句"泥融飞燕子"的"泥融"可想象冬天结冰，泥土板结，春天来了，冰雪融化，泥土自然湿软，故说"泥融"。以"融"组成的词多与其本义有关，如看到"融融"一词便会使人感受到开锅时的热气，由此引申出"春光融融""其乐融融"等词语；又由白雾蒙蒙般的热气升起后又逐渐消融引申出了融化、融解、融洽、融会等词。火在"鬲"下烧，"鬲"上才会有炊气冒出，由此又使人联想到神话中的火神"祝融"。

黄亢美

"冠"的读音是什么

陈老师：

"新型冠状病毒"是最近生活中出现频率最高的词语，其中冠这个字的读音让我非常疑惑。按照字的意思决定读音来讲，冠应该读第一声，对吗？

但是我在生活中听到大家都把"新型冠状病毒"的"冠"读第四声，就连权威的电视新闻和各种节目里主持人也读第四声，以至于我读第一声都觉得特别奇怪。是我读错了吗？

上海市松江区实验小学　魏　文

魏老师：

"冠"是个多音字，多音字的读音是由字义决定的。

当"冠"表示名词意义"帽子或像帽子的东西"时，都读第一声，如"衣冠、王冠、树冠"等。在电子显微镜下，"冠状病毒"呈球形或椭圆形，外表面的包膜上布满凸起，形状很像王冠，故名"冠状病毒"，因而读第一声是正确的。

当"冠"表示动词意义"带帽子"及其引申义"居于首位""在前面加上"时，都读第四声，如"冠礼（古代 20 岁男子举行的戴帽子礼仪，表示已成年）""冠军（本义是表示勇敢程度排在军队的首位）""冠名（在前面加上某种称谓）"等。应注意的是，"夺冠"是"夺得冠军"的简称，依然读第四声。

陈　薇

"射"字为什么用"身"表意

黄老师：

我们在教学统编教材二年级下册《羿射九日》一课时对"射"字的构形有些疑惑："射"由寸、身组成，怎么得出"射出的"意思呢？查了一些字典，说"身"是弓形，我就更困惑了。麻烦黄老师给予解说。

广西柳州市柳江区拉堡小学　韦逸婷

韦老师：

"射"的甲骨文写如"♉"，像弯弓搭箭形，到了金文写成"♉"，像一只手在拉弓。由于"弓""尸""身"的古文字形相近，所以到了篆文，"弓"就讹变为"身"，写成了"射"，变成了由身、寸组合而成的会意字。"寸"与"又"同源，篆文写作"彐"，像右手形。《说文》析义为"弓弩发于身而中于远也"。由原来的"弓"变成了现在的"身"，这种形变现象在文字学上叫"理据重构"。

根据"射"的字形,教学时可结合课文中后羿射箭的插图,灵活地说解为:射箭时,身后仰,脚呈后弓步,用手(寸)拉弦,张弓射箭。采用这样的"身"姿拉弓,才发射有力,射得高远。还可以让一些学生表演一下这种姿势,以真切地感受"射"与"身"的关系。最后还可以用这样的顺口溜识记为:

寸是手,手持弓,

身稍蹲,后弓步。

后羿弯弓射九日,

留下一颗暖融融。

黄亢美

"走"字的上部是"土"吗

黄老师:

《守株待兔》是统编教材三年级下册的一篇小古文,文中"兔走触株"的"走"在课文中的注释是"跑",从语境上看不难理解,若从字形上看,该如何讲解学生才容易识记它的上面部分是"土"呢?

河北省石家庄南马路小学　魏　静

魏老师:

"走"的金文写如"𧺆",篆文写如"𧺆",会意字,下面的"𣥂"就是"止"(脚趾),用它表示脚,跑当然离不开脚。上部原来是侧身的"大",像人奋臂奔跑的样子,组合起来就是表示快跑。

教学时可通过与古文字的比照,提示"走"上的"土"是"大"的变形,这是汉字书写过程中的字形变化。再如"赤",上部也是"大"的变形,下部是"火"变形,大火为赤,另说火光映照着人;"去"字上部的"土"也是"大",表示人(大)离去之义。现代"走"的字义已经转移,基本义是行走,但在"走马观花""奔走相告""飞沙走石""飞禽走兽"中的"走"都是奔跑的意思。

结合课文语境,"兔走触株"的"走"肯定是奔跑的意思,因为慌不择路地奔跑

（走）才会"触株"，又因发力太猛"触株"了，才会导致"折颈而死"。

黄亢美

"乐"的读音是什么

陈老师：

统编教材四年级下册第一单元有首古诗《清平乐·村居》，其中词牌名"清平乐"的"乐"字应该读 yuè 还是 lè 呢？请您赐教。

上海市闵行区莘松小学　王同艳

王老师：

要确定词牌名的读音，首先要考虑词牌名的来历。大多数词牌名来自乐曲的原名。

目前学界大多认为"清平乐"这一词牌原是唐代教坊曲名，来自汉乐府中的"清乐""平乐"两个乐调，据说最早用它来填词的是李白。其次，清代万树的《词律》一书收集了众多词牌，书中词牌是按最后一字所属的韵部编排的，用来提示词牌名的读音。其中"清平乐"归属入声、觉韵一部。入声、觉韵，今音读作 yuè。

需要注意的是，辛弃疾的另一首词《永遇乐·京口北固亭怀古》的词牌"永遇乐"，柳永最早用此调填词，以表达祝寿、长乐之意。清代万树《词律》将其归属入声、药韵一部。入声、药韵，今音读作 lè。

综上，"永遇乐"的"乐"读 lè，"清平乐"的"乐"读 yuè。

陈　薇

"曝"应怎么读

陈老师：

统编教材四年级下册第三单元戴望舒的诗作《在天晴了的时候》中有一句

话——"抖去水珠的凤蝶儿，在木叶间自在闲游，把它五彩的智慧书页，曝着阳光一开一收"。

其中曝，读 pù 和 bào 义同，意为晒。在构成词时，读音易区别，如，曝（bào）光、一曝（pù）十寒。"曝着阳光一开一收"，句中"曝"表示晒的意思，描写了凤蝶儿晒着太阳，翅膀一开一合的动态美。请问陈老师，此句中的"曝"应该怎样读？请释惑。谢谢！

安徽省颍上县管仲小学　余继钱

余老师：

曝，旧时都读 pù，在现代汉语中，则是多音字。综合《现代汉语词典》《现代汉语规范词典》的解释，可以这样区分：

"一曝十寒、曝露、曝晒"等词，这里"曝"的意思都是晒，读 pù；"曝光、曝丑"等词，这里"曝"用的是"曝"的引申义，都表示显露出来的意思，读 bào。

"曝着阳光一开一收"一句中的"曝"意为晒，读 pù。

陈　薇

"剥"的读音是什么

陈老师：

统编教材四年级语文下册第一课《古诗词三首》中《清平乐·村居》中有一句："溪头卧剥莲蓬。"这句中有一个多音字"剥"，字典中解释当表示去皮（外皮或壳），如剥橘子、剥香蕉等时读 bāo，那为什么书中标注的读音是剥（bō）莲蓬？我很困惑，到底该读哪个读音呢？平时我们教学生时都是让他们根据字的解释来选择读音的。

上海市松江区实验小学　魏　文

魏老师：

多音字的确是根据字的意义来选择读音的。"剥"虽然有 bāo 和 bō 两个读音,但这两个读音的意义是相同的,读音的区别仅仅在于语体色彩的不同。bāo 常用于口语当中,如"剥花生";bō 则常用于合成词或成语当中,具有书面语色彩,如"剥夺"。

在国家语委颁布的《普通话异读词审音表》中,同一个字仅仅文言读音和白话读音不同而无意义差异的现象,被称为"文白异读"。古诗词朗读时,一般取书面语的文言读音,所以,"剥"在这里应该读 bō,课文的注音是合适的。

陈　薇

"往"字是形声字吗

黄老师:

我们在教学一年级下册《夜色》一课时对生字"往"的结构分析有些模糊,它是形声字吗?声旁是"王"还是"主"?教学时应怎样给学生讲解才好呢?

西藏拉萨市墨竹工卡县南京实验小学　罗布群宗

罗老师:

"往"的甲骨文写如"𣥩",上是"止",表示脚的行走,下是"王"作声符表读音。金文另加义符"彳"写作形声字"𢓆",楷书写作"往",上部的"止"省形成"丶"。"彳"是"行"的省形,"行"的甲骨文"�"像十字路形,读音 háng。路是给人走的,故表行走意时"行"又读 xíng,作偏旁时省形为"彳",读音 chì,日常称之为"双立人",其实并非直接表示人。用"彳"作形旁的字大都与行走有关,如"征、循、待、徘徊、彷徨"等。

由于"往"字形变较大,教学时可提示这是个特殊的形声字,右下的"王"表读音,"彳"表示行走,右上的"丶"仍可想象为向前跨的一只脚(也可灵活想象为前往的目标),并用顺口溜识记为:"彳字表行走,右下读音王。一点像脚趾,往前不偏向。"

黄亢美

"水中柳影引他长"的"长"读什么

黄老师：

　　我们在教学杨万里《新柳》一诗的末句"水中柳影引他长"时，对"长"的读音拿不准，是该读表长短意思的 cháng 呢？还是该读表示生长意思的 zhǎng 呢？特向您请教。

新疆乌鲁木齐市第十五小学　姜　锋

姜老师：

　　该诗末句"水中柳影引他长"的"长"读表示长度的"长"（cháng）比较好。从诗歌的语境来看，首句"柳条百尺拂银塘"中的"柳条百尺"夸张地描写了柳条的"长"（cháng）。柳条真的长到能"蘸水"的长度吗？那也"未必"。而后作者用拟人的手法写那是"水中柳影"将它牵引拉长了。所以，从前后的诗句来看，都应当将末句的"长"读表长度的 cháng。

　　另外，从诗歌的声律来看，这是一首讲究平仄的七言绝句，绝句属于格律诗，格律诗的一个重要特征就是必须押平声韵，"长"若读上声 zhǎng 就变成仄了，只有读成阳平声的 cháng，才能与首句的"塘"和第二句的"黄"这两个韵脚字一样通押平声韵，这也才符合格律诗的要求。

黄元美

为什么"ui"和"wei"读音是一样的

陈老师：

　　在教学统编教材一年级拼音《ai ei ui》一课时，有学生提问，为什么 ui 和 wei 的写法不一样，发音却是一样的呢？我们也感到困惑，ui 是复韵母，wei 是声韵相拼的音节，但两者读音却相同，这是怎么回事呢？敬请赐教！

内蒙古锡林郭勒盟正蓝旗直属第一小学　杨丽萍

杨老师：

　　ui 和 wei 的读音的确是相同的,都是普通话《汉语拼音方案》中的复韵母 uei。《汉语拼音方案》规定,复韵母 uei 在与声母相拼时,简写作 ui;在前面没有声母、独自成为音节时,改写作 wei。

　　小学进行拼音教学时,直接把 uei 的简写式 ui 当作复韵母来教,音节 wei,分解成声母 w 和复韵母 ei 相拼,这样就降低了汉语拼音的教学难度,《ai ei ui》一课就是按照这样的设想编写的。

　　在教学中,教师没有必要讲解这些情况,如有学生问起,再作如上解释。

陈　薇

"妻"字的竖画应该怎么写

黄老师：

　　我在备课统编教材五年级课文《牛郎织女》时发现,配套的《教师教学用书》说生字"妻"的竖画上下都要写出头。但我理解,"妻"字竖画的写法是上面出头,下伸时不出头,因为要避让。"妻"字的竖画究竟应该怎么写呢? 恳请黄老师解答。

广东省广州市花都区新华街第五小学　范　杰

范老师：

　　你关于"妻"字竖画为了避让不出头的看法是正确的。课本里"妻"字竖画实际上也是不出头的,教参提示"竖画上下都要出头"至少是不严谨的。

　　"妻"字中的"彐"篆文写如"彐",像手爪形。《说文》析义为手持物件在家里做事,这是妻子的职分。现代学者依据甲骨文和金文认为是"女"(妻子)的手(彐)正在梳理长发或插入簪子形。"妻"的篆文写如"妻",中竖是上下出头的。

　　《现代汉语通用字表》的"妻"考虑到写字时笔画的疏密和美观,于是采用避让的方式竖画不穿越下横,以便下面"女"上部的笔画从容伸出横画。

教学时要提示学生不但要把"妻"字写正确,还要写美观,下部竖画不穿越出头。

黄亢美

"得"的读音是什么

陈老师:

在统编教材四年级下册《天窗》中有这样一句:"发明这天窗的大人们,是应得感谢的。"联系上下文,我认为这句里的"得"是必须的意思,所以应该读成 děi,我这样的理解对吗? 恳请你赐教,谢谢!

安徽省宣城市第三小学　彭素萍

彭老师:

我认为您的看法是正确的。

"应得感谢"一句在《天窗》结尾段,从上下文看,是指孩子们从天窗中看到了很多东西,产生了很多想象,慰藉了他们的童年,所以一定要感谢"发明这天窗的大人们"。"一定要"的意思就是"必须","应得感谢"的意思就是"应该必须感谢",所以"得"读 děi。

陈　薇

"莲蓬"读轻声吗

陈老师:

在统编教材四年级下册《古诗词三首》中,辛弃疾的《清平乐·村居》有这样一句:"最喜小儿亡赖,溪头卧剥莲蓬。""莲蓬"在词典里明确标注是轻声词,可是我听视频里的老师读的不是轻声(我们现在进行的是线上教学)。我也询问了其他老师,他们也拿不准,有的老师猜测是不是因为词里面讲究平仄的缘故。如果是因为平仄的原因,那诗词里的轻声都不再读轻声了吗?朗读时该怎样处理合适呢?这里要不要把"莲蓬"读成轻声呢?

青海省西宁市城西区兴海路小学 李景敏

李老师:

教材中古诗词的读音问题,一直存在是按照古音读还是按照今天普通话的读音来读的争议。理论上说,古诗词的魅力之一就是由押韵和平仄所造就的音乐美,但由于古今语音的变化,很多古诗词真正的古音怎么读,今天已经不能确定了。我们要完全复原其古音读法,既无可能也无必要。

因此,目前最新出版的统编本语文教材在给古诗词注音时,绝大多数以最新版的《现代汉语词典》《新华字典》等普通话词典为准,同时也会参考《汉语大字典》《古汉语常用字字典》等古代汉语工具书。虽然教学中用普通话朗读古诗词会出现一些不押韵、不合平仄等问题,但仍然要提倡用普通话朗读,否则会有很多不必要的麻烦,给学生增加学习负担。

可见,古诗词的读音应以教材注音为准;教材没有注音的,应以普通话读音为准。"溪头卧剥莲蓬"中的"莲蓬"在普通话里是轻声词,应该读轻声。供您参考。

陈 薇

"拂堤杨柳醉春烟"中的"醉"是什么意思

陈老师:

统编教材二年级古诗二首《村居》的第二句"拂堤杨柳醉春烟"中的"醉"怎样解释呢?我查阅了一些资料,绝大部分解释为"杨柳陶醉在春天的美景里"。另一种解释是"杨柳轻拂着堤岸,春天的美景让人沉醉"。这里的"醉"怎样解释比较合理呢?

山东省东营市胜利第四十六中学 杨 栋

杨老师：

"拂堤杨柳醉春烟"中的"醉"字，在这里是陶醉的意思。问题的关键是，"谁"陶醉？"春烟"的意象又是什么？

这里陶醉的当然是作者，"醉"在这里是"移情"的修辞手法。"移情"是将作者的主观感情转移到事物上，反过来又用带有感情的事物衬托作者的主观情绪，更好地表达作者的强烈感情。作者将陶醉这种感觉转移到了"杨柳"身上，用"杨柳"的陶醉来衬托自己对春天美景的陶醉。"春烟"在这里指的是细柔的杨柳枝叶被春风吹得在水雾中摇曳，仿佛是堤岸上升起的一片嫩绿的轻烟。显然，这也是作者的眼中景和心中情。

因此，"拂堤杨柳醉春烟"一句可以解释为：那如梦如烟的拂堤杨柳让人沉醉。

陈　薇

"鼎"字上部的"目"表示什么

黄老师：

统编教材四年级《观潮》一课中有"人声鼎沸"一词，学生经常将"鼎"字中间的"目"写成"日"。这个字的中间为什么是"目"呢？有什么好办法帮助学生识记吗？

上海市闵行区莘松小学　梁　燕

梁老师：

"鼎"是象形字，金文写如"𣇒"，是一种"三足两耳"的锅形炊具，鼎身、鼎上的双耳及下面的三足皆清晰可见。篆文写如"鼎"，鼎的双耳及足形变化较大，隶变后写成"鼎"。简言之，"鼎"上的"目"不是表眼睛的"目"，而是"鼎"的身形，两者形同义异。

黄元美

如何记住"真"字里的三横

黄老师：

"真"字内里有三横,最近批改作业看到学生经常将其写成两横。有什么办法能使学生更好地识记吗?

江苏省南京市栖霞区实小　巫新秋

巫老师：

"真"的形义多有歧说。依据现楷书字形,可将"真"灵活析解为由"八"和"直"组成。"直"甲骨文写如"𣃔","目"正对标杆(丨),表示目测端直。表标杆的"丨"后繁化成"十",金文另加一矩尺(乚)写如"𥄂",突出测量之意,隶变后楷书写作"直",将下面的矩尺(乚)变写成平尺(一),于是"直"就由"十、目、一"三个部件组成了。

教学时可引导学生想象木匠或泥水工用眼睛(目)从不同的方向(十)瞄直线(一)的情形,书写时"目"的两竖稍往下伸,与"一"构成一体了。据此,只要强调上"十"下"一"中间"目",那么"直"的内里就一定是三横了。教学时理解"直"后,可灵活识记为:上"直"下"八",为人就应品德端"直",行为正"直",才能行走于"八"方。

黄亢美

"餐"字上部"歺"的读音和字义

黄老师：

"餐"字是形声字,上部"歺"读什么音呢? 表示什么意思呢?

贵州省贵阳市观山湖区教培中心　孙　琳

孙老师：

"餐"是个从食,"歺"声的形声字,本义是吃,吞食,如"风餐露宿"。现代词语"餐饮、餐具、餐厅"里的"餐"都是动词吃的意思。由吃食物引申为名词食物,如

"谁知盘中餐"。"殁"由"歺"和"又"会意而成。"歺"与"歹"同，甲骨文写作"𣦵"，像枯骨形。"又"古文字写如"彐"，是手爪形，会意为手（又）在钻凿做占卜用的骨头，《说文》析义为"残穿也"，当是"残"的初文，读音为 cán。

除"餐"外，现代常用字用"殁"作声旁表读音的主要有"粲"。教学时提示其是声旁，适当讲解，无须过度解读。

黄亢美

"哨棒"怎么读

陈老师：

我在教学中遇到了一个问题：统编教材五年级《景阳冈》中"梢棒"一词怎么读？之前的人教版教材中"哨棒"读 shào bàng，袁阔成老师的评书中也是读成 shào bàng。《现代汉语词典》第 7 版中，"梢"只有两个读音：shāo 和 sào。到底该怎么读呢？恳请赐教。

山东省无棣县第二实验小学　王全梅

王老师：

首先，《水浒传》武松打虎情节中的"梢棒"，在流传下来的不同版本中写法不同，有的版本写作"梢棒"，有的版本写作"哨棒"。显然，统编教材和之前的人教版教材选用的是《水浒传》的不同版本，所以这个词的写法不同。我们听到的只是袁阔成评书的声音，却不知他是照着哪个写法读的。

其次，《汉语大词典》（汉语大词典出版社，1994）只收录了"哨棒"，解释为"行路防身的长木棍"；《古代汉语词典》（商务印书馆，2002）只收录了"梢棒"，解释为"巡哨防身用的短棒"。可见，这两个词意义大致是一样的，都是指当武器用的木棍，试比较：

武松见大虫翻身回来，就双手抡起哨棒，使尽平生气力，从半空劈下来。（人教版）

武松见那大虫复翻身回来，双手轮起梢棒，尽平生气力，只一棒，从半空劈将

下来。（统编教材）

上述用法表明，"哨棒"和"梢棒"都是武器，长短的区别倒不太明显。再从"哨"和"梢"的意义看，"哨棒"侧重指木棍的用途，"梢棒"侧重指木棍的质地，但都表示一根木棍。

综上，这两个词要按照文中的写法来读。"哨棒"读 shào bàng，"梢棒"读 shāo bàng。

陈　薇

关于"骑"的读音

黄老师：

卢纶《塞下曲》诗中"欲将轻骑逐"的"骑"，我们过去都读第四声 jì，但是现在字典中只有第二声 qí 一个读音，请问应该如何跟学生解释呢？

湖南省郴州市明星学校　彭巾珂

彭老师：

这是一首五言绝句，其平仄要求是"二四分明"。"欲将轻骑逐"第二字"轻"是平声，第四字"骑"若读 qí 也是平声，二四两字都是平声就不符合平仄"相替"（交替变换）的要求了，同时下句第四字"弓"是平声，本该"相对"（相反）却"失对"了，与上邻句仄声的"遁"本该"相粘"（相同）却"失粘"了。"失替""失对""失粘"是近体诗的大忌。

从词性来说，读阳平是动词，读去声是名词，古代一人骑一马就叫"一骑"，这里的"骑"是名词骑兵的意思，"欲将轻骑逐"就是正想要带领轻骑兵一路追杀敌人的意思。

国家语委、原国家教委和原广电部于 1985 年 12 月发布了《普通话异读词审音表》，其中指出"骑"统读 qí，这是现代普通话的读音要求。如果是在熟读成诵特别是进行文艺性的朗读吟诵时，我认为还是读去声 jì 为好，因为是古诗，否则就破坏这首古诗的声律了。这是个人观点，仅供你参考。

黄亢美

"月"作偏旁的形与义

黄老师:

统编教材二年级《我是一只小虫子》课后第二题列举了"屁股、脾气、腹部、胳膊"以及"肩、手臂、胃、肾"两组字词,还提示学生说说自己的发现。这一题的训练意图主要是什么呢?

北京市海淀区清华大学附属小学　林长山

林老师:

我认为这一习题主要是强化对"月"字作偏旁部首的认识。"月"在"屁股、脾气、腹部、胳膊"以及"肩、手臂、胃、肾"中都是"肉"作偏旁时的变形。

国家语委和教育部 2009 年颁布了《现代常用字部件及部件名称规范》,对部件"月"的名称规范为"月 yuè/肉月 ròu yuè",例字是"期、明",这两字的"月"与月亮有关,自然叫"月字旁",而后再举"胆"等字,这显然与肉体有关,因其外形上与"月"同,所以叫"肉月旁"。所以在教"肝、胆、腿"以及"肩、臂、胃、肾"这类字时,就应该叫"肉月旁"和"肉月底",教"明、期、朗"这类与月亮有关的字时才叫"月字旁"。即使我们统称为"月字旁",教学时最好也要因字而异地说明该字的"月"与什么有关系,这样才能真正地理解汉字的形义。

另外,在教学时可引导学生观察,作为偏旁部首的"月"可以在字的左边,也可以在下部,书写时应注意区别。

黄亢美

"森"字是什么结构

陈老师:

统编教材二年级《彩色的梦》一课的"森"字是要求学生会写的汉字。我和同事认为这个字是品字结构,但是《新华字典》(第 11 版)里标注的是上下结构。类似"森"这样结构的字到底该称为什么结构呢?

湖北省襄阳宜城市实验小学　王春会

王老师：

目前,学界比较普遍的看法是,现代汉字合体字的各个构成成分之间的组合情况有四种:上下结构、左右结构、包围结构和特殊结构。其中,上下结构内部又可分为上下、上中下、品字结构等,左右结构内部又可分为左右、左中右结构等,包围结构内部又可分为全包围、三包围、半包围结构等。

所以,类似"森"这样的品字结构,上半部与下半部基本上是平分田字格横中线的,从大类上讲,也属于上下结构。

陈　薇

这里的"着"怎么读

陈老师：

老舍先生的《猫》一文第 4 自然段中有一句:"可是它又那么勇猛,不要说见着小虫和老鼠,就是遇上蛇也敢斗一斗。"这里"着"是读 zháo 还是 zhe? 我翻阅《现代汉语词典》后也不能确定。恳请您予以解惑。谢谢!

安徽省阜阳市铁二处学校　薛万久

薛老师：

"着"是个多音多义词。

当"着"用在动词或形容词后面作助词时,表示动作或状态正在持续,读轻声 zhe,如:大家吃着、喝着、说笑着／屋里灯还亮着。一般只有带有持续性的动词或形容词后面才可以带"着"。"看"强调"看"这个动作本身,具有持续性,因此可以说"看着";"见"强调"看"这个动作的结果,不具有持续性,因此不能说"见着"。因此,"见着小虫和老鼠"一句中,"见"后面附加的"着"不能读轻声 zhe。

"着"还可用在动词或形容词后面补充说明动作达到了目的或产生了某种影响和结果,如:东西找着了／我今天可累着啦／我个子高,够得着／这事怪不着我／一只鸟都没打着。在这种用法中,当"着"紧随动词且句子表示肯定时,"着"读轻声 zhao;当"着"与动词中间有"得""不"或者句子表示否定时,"着"读 zháo。可见,"见着小虫和老鼠"一句中,"见"后面附加的"着"表示"见"这个动作有了结果,肯定是看见并接触到小虫和老鼠了,这里应读轻声 zhao。

相同读法的还有叶圣陶《爬山虎的脚》中"爬山虎的脚触着墙的时候……爬山虎的脚要是没触着墙……"两句,前一个"着"读轻声 zhao,后一个"着"读 zháo。

陈 薇

"作"可以换成"做"吗

陈老师:

统编教材四年级上册第六单元的习作中有这样一个句子:游戏前,你作过哪些准备? 这句话中的"作过哪些准备"的"作"可以换成"做"吗?

江苏省南京市浦口外国语学校　施伟燕

施老师:

"做"和"作"是同义词,它们有相同的义项:①都有制造的意思,②都表示进行某种活动。它们也有相同的用法,都是及物动词,要带宾语。正因如此,"做"与"作"容易混淆。那么如何区分呢? 主要看宾语:

当宾语是指称具体事务或职业性、专业性工作的名词时,用"做",例如:做家务/做衣服/做作业/做手术/做生意。当宾语是动作性不强、表示抽象行为的动词时,一般用"作",例如:作贡献/作调查/作评价/作决定/作报告。

"准备"表示进行某种活动,是动作性不强的、比较抽象的动词,因而教材中的"作准备"是正确的,不能换成"做"。

陈 薇

"花重锦官城"的"重"怎么读

黄老师:

"晓看红湿处,花重锦官城"是杜甫《春夜喜雨》尾联的诗句,课文把"花重"解释为"花因为饱含雨水而显得沉重",读音为 zhòng,我感觉这样的解释是合乎情理的。但一些学生提出,春夜雨后,作者晨起一定会看到花朵盛开,重重叠叠,因此,能否读 chóng 呢? 这样的解释似乎也成理。究竟哪一个更好呢? 恳请解答。

广东省广州花都区圆玄小学　唐玉佳

唐老师:

《春夜喜雨》是杜甫从长安辗转进入蜀川的第二年写的。因上一年一些地区大旱而闹饥荒,所以诗人在大旱之后见到一场及时的春雨自然是喜不自禁的。

"花重"的"重"若读 zhòng,能体现出花受到春雨足够水分的浸润而沉甸甸的形态,合乎作者当时的所思所想及特定的情境。再者,这是一首五言律诗,其平仄基本要求是"一三不论,二四分明",本句内的第二字和第四字的平仄要交替变换,因为第四字"官"是平声,依据平仄交替的要求,第二字"重"必须读仄声的 zhòng,若读 chóng 则是平声,这样二四字"重(chóng)"和"官"(guān)都是平声就"失替"了,同时与读古音平声的"看"(kān)也"失对"了。

杜甫写的律诗是很讲究平仄声律的,不会轻易出现平仄"失替""失对"的现象,所以,"花重锦官城"的"重"还是读 zhòng 比较好。

黄元美

"粘"字的读音

陈老师:

在教学统编教材三年级上册第二单元《铺满金色巴掌的水泥道》时,有一句"这一片片闪着雨珠的叶子,一掉下来,便紧紧地粘在湿漉漉的水泥道上了"。

我对句中"粘"字的读音一直有些难以把握,容易把"粘"和"黏"混淆。"粘"字到底怎样读? 恳请解答。

山东省滕州市实验小学大同校区　陈肖茹

陈老师：

根据《现代汉语词典》(第7版)的解释，"粘""黏"二字有如下区分："粘"字，音 zhān，表示东西附着在其他物体上或互相连接，作动词使用。"黏"字，音 nián，表示一物体附着在另一物体上的性质，作形容词使用。

此句"粘"字的意思是叶片紧紧地、平展地附着在地面上，是动词，所以读 zhān。

陈 薇

"梅雪争春未肯降"的"降"的音义

黄老师：

统编教材四年级上册古诗《雪梅》首句"梅雪争春未肯降"的"降"课文注音是 xiáng，注释是降服，服输的意思。常言说"诗无达诂"，如果理解为雪梅争春互不服输，各自都认为比对方高出一等，不肯降下身价，因此读 jiàng 行吗？

上海市徐汇区建襄小学 王湘灵

王老师：

《雪梅》首句采用拟人手法写梅花与雪花相互竞争，都认为自己是最具早春特色的，而且互不认输，因此，从诗歌的具体情境来说，还是作相互不肯降服意思的"降"比较好，其读音自然就应该是 xiáng。

另外，从诗歌声律来说，这是一首七言绝句，绝句属于格律诗，格律诗的一个重要特点就是押韵必须押平声韵，第二句和第四句的韵脚字分别是"章"和"香"，这两个都是平声字，首句"梅雪争春未肯降"也押韵了，而押韵就必须押平声韵，因此，如果读去声的 jiàng 就变成仄声了，只有读平声的 xiáng，才既符合诗歌的语境，也符合绝句在平仄上押平声韵的声律要求。

黄亢美

"直冲脑门"的"冲"读什么

陈老师：

　　统编教材四年级上册《一只窝囊的大老虎》中有"直冲脑门"一词。"冲"作动词读 chōng 音时，有"很快地朝某一方向直闯"的意思，而作形容词读 chòng 音时，表示"气味浓烈刺鼻"。那么在"直冲脑门"一词中，"冲"应该怎么读呢？恳请赐教。

江苏省南通师范学校第二附属小学　钱冬梅

钱老师：

　　"冲"字的确有动词、形容词这样两种用法、两种读音。《一只窝囊的大老虎》中的"直冲脑门"的"冲"字，前面有表示状态的状语"直"，后面有表示位置的宾语"脑门"，因此"冲"是动词用法，表示霉糟糊味"很快地朝脑门方向直闯"。

　　"直冲脑门"的意思是发霉的糟糊味从鼻腔进入并深深钻进脑门里，以此形容气味非常强烈。这里"冲"应读为 chōng。

陈　薇

"萍"字的结构

黄老师：

　　今天看了一位教师上古诗《池上》，她在教"浮萍"的"萍"字时说这是个上下结构的字。

　　黄老师您曾经指导我上《敕勒川》一课，记得讲到"天苍苍，野茫茫"的"茫"字时，您说这是个水形，芒声的偏角形声字，属于"形偏一角"的半包围结构。由此我推想"萍"字好像也是"苹"包"氵"的半包围结构，不知我这样的认识正确否。

吉林省吉林大学附属力旺实验学校　杨　穆

杨老师：

你的意见是正确的。依照"说文"的析解，"萍"是个由"氵"和"苹"组合而成的会意字，"苹"也兼表读音。其实"苹"原来就是"萍"的古字，这是一种"无根，浮水而生"的水中植物。"萍"的篆文也有写如左右结构"𤄶"的，但多将"氵"偏于左下角的写成"𤃡"，隶变后楷体写作"萍"，变成"冂"形的半包围结构。

如果说"萍"是上下结构，上面是"艹"，下面的"泙"是什么呢？这就无法解说了。因此，在识字的时候宜将"萍"切分为由"氵"和"苹"会意而成的半包围结构，这样的分析属于"识字的结构分析"，有利于学生对汉字形义的理解。

在写字的时候，是可以切分成上下结构的，提示学生先写上面的"艹"，再写下面左右结构的部分，这样的结构分析是属于"写字的结构分析"，关注的是它的部件如何组构才美观紧凑。在大多数的情况下，"识字结构分析"与"写字结构分析"是一致的，少部分字应区别对待。

黄亢美

"鱼"字是上下结构吗

黄老师：

"鱼"是统编教材一年级《荷叶圆圆》一课中的生字，《教师教学用书》将它分解为上下结构。我们知道"鱼"是一个象形字，应该是独体结构才对，为什么把它分解为上下结构呢？特此请教。

河北省廊坊市第九小学　乔琳琳

乔老师：

诚如你说，"鱼"是一个象形字，甲骨文写如"鱼"，篆文写如"𩷏"，繁体为"魚"，自上而下为鱼头、鱼身、鱼尾，浑然一体，不可切分，因此"鱼"是一个独体象形字。

汉字的结构可以依据不同的目的和时段作不同的切分。如"谢"在识字教学时，目的是为了理解它的形义，自然就分解为言形射声的左右结构；而在写字时，我们会提示学生要先写左边的"讠"，再写中间的"身"，最后写右边的"寸"，实际上就是把"谢"分解为"讠—身—寸"的左中右结构了。可见,汉字的"识字结构分析"与"写字结构分析"有时还是有区别的。当然,绝大部分汉字的结构分析是一致的。据此,"鱼"的"识字结构分析"就是独体字,不能拆分。《教师教学用书》说它是"上下结构"应该是就写字时的结构分析而言的。

黄亢美

"胜"字为什么用"月"作形旁表义

黄老师:

　　"胜"字为什么用表示"肉"的"月"作形旁表义呢? 跟人体有关系吗? 查了有关字典,说是"犬膏臭也",这样的解释也不太明白。

　　另外"不胜其烦"的"胜"解释为"忍受、承受",这样的解说又是怎么引申出来的呢?

广东省韶关市第十四中学　黄晓莹

黄老师:

　　"胜"字《说文》析解为"犬膏臭也",是因为"胜"原是"腥"的本字,故用"月"(肉)表义,本义指狗的膏脂的腥味。后"腥"流行而"胜"废弃。

　　现代汉语"胜利"的"胜"原为"勝",是一个"从力,朕声"的形声字。有力、用力才能胜任或获胜,故用"力"作形旁表义。"不胜其烦"本为"不勝其烦",即无"力"承受得住这种烦扰;"不胜荣幸"即是荣幸太大,以至于不能承受得住,这是一种谦语。现在简化字用同音字"胜"代"勝",形旁"力"消除后理解"胜利""胜任"就很难把"胜"与用"力"方能胜任和取胜的"勝"的字理联系在一起了。

　　教学这些字词时,可以适当地"引繁识简",以便于学生理解其本来的形义。

黄亢美

有问必答——小学语文教学疑难答问(第二辑)

关于"那"的读音

黄老师:

统编教材五年级朱熹的《观书有感》诗中"问渠那得清如许"的"那"读 nà 吗?根据语境,应该是读表示疑问语气的 nǎ(即哪)才对呀,可是为什么又写成"那"呢? 在诗中读第几声呢? 十分困惑,请您指教!

广西壮族自治区环江县教研室　韦雅曼

韦老师:

朱熹的《观书有感》"问渠那得清如许"的"那"应该读上声,与现代汉语的疑问代词"哪"(nǎ)读音相同。《说文》无"哪"字,古代表疑问的代词也多用"那"表示,只能根据语境分辨读音。"五四"新文化运动后,为了区分词义则分化出一些新的字词。如"他"原来不分男女,后来专指女性时新造出了"她"。为了与指示代词"那"相区别,于是借用"口"组成"哪",专门用作表示疑问的代词。这样,作远指代词的"那"(nà)与疑问代词的"哪"(nǎ)就分工明确,各司其职了。

朱熹是南宋人,那时候还没有分化出表疑问的代词"哪"。因其是古诗,所以,虽然是用作表疑问的代词"哪",但还是保留其原来的字形"那"。教学时读上声 nǎ 就好。

黄亢美

"戴"与"带"

黄老师:

学生很容易把"穿戴""戴红领巾""披星戴月"的"戴"写成"带",两个字经常混淆。请问怎样引导学生正确区分和使用"戴"与"带"呢?

福建省泉州市永春县五里街中心小学　谢碧春

谢老师：

"戴"是形声字，"㦴"是声旁，读 zāi。"異"是"戴"的古字，甲骨文写如"🝿"，像人双手往头上戴帽形（另说戴面具），后加声旁"㦴"组成形声字"戴"。本义就是用头顶物件，常用词就是"戴帽子"。又引申为顶着、套上、架上等。

"带"是象形字，上部的"龷"是佩有环的腰带，下部的"巾"似下垂的巾饰，本义指束衣的腰带，引申为带状之物，如"鞋带""领带"等。还用作动词，多指随身携带，如"身上带着枪"。

作动词用时，学生易混用"戴"与"带"，可识记为："戴"从身体部位来说是顶着，从物件来说是罩着、套着，如戴帽、戴手套、戴口罩、披星戴月。也指把物件相对固定地加在身体的某一部位，如：戴红领巾、戴校徽等。而"带"则是随身携带，方式多样灵活，所带之物可用手拿着，也可放进衣袋，甚至"装入"心里，如请人"带话"。

有时要依情境而定，如：①外面雪大，出门要戴上帽子。②下午会有大雪，出门要带上帽子。前者是出门立即将帽子戴在头上，后者是出门时不要忘记拿顶帽子，以备下雪时戴上。如此分辨，就能比较准确地使用"戴"与"带"了。

黄亢美

"甲壳"的"壳"怎么读

陈老师：

统编教材三年级下册《昆虫备忘录》中有一句话"独角仙，在甲虫里可能算是最大的，从头到脚，约有两寸。它的甲壳多为深色，挺硬的，头部尖端有一只犀牛一样的角。"

我们年级组的老师在备课时对其中"甲壳"的"壳"的读音发生了争执：有的老师认为应该读 ké，有的老师认为应该读 qiào。在这里到底读什么呢？

北京市第二实验小学怀柔分校　张释伊

张老师：

"壳"的两个读音 ké 和 qiào 的意义是相同的，读音的区别仅在于语体色彩的不同。ké 用于口语，qiào 用于书面语，这在《普通话异读词审音表》中被称为"文白异读"。因此，在书面语里，"壳"读 qiào，比如"地壳、金蝉脱壳"等。在较为生活化的口语中，"壳"读 ké。比如"鸡蛋壳儿、贝壳儿"等。

"甲壳"一词，在书面语和专业术语中读 qiào，比如生物专业术语"甲壳纲"等；在生活里一般都读 ké，比如"甲壳虫"等。《昆虫备忘录》是一篇口语化的观察记录，是给小学中年级学生读的，所以"甲壳"的"壳"在这里可以读 ké。

陈　薇

"好好"的读法

杜老师：

统编教材三年级下册第 17 棵《我变成了一棵树》中说："你看，这不好好的嘛。"其中的"好好"有学生把第二个"好"读成第一声，是否妥当？谢谢。

安徽省泗县大路口小学　李亦玲

李老师：

"好好"按照字音读成 hǎo hǎo，当然是正确的。但是，在普通话口语中，人们也常读成 hǎo hāor。也就是说，第二个音节读成第一声并儿化，这是因为，在普通话口语中，单音节形容词重叠后，无论原先是第几声，第二个音节都要变调为第一声并儿化，即读成儿化词。例如：

（1）明天早早（zǎo zāor）去，准能买上。

（2）您慢慢（màn mānr）走，别摔着！

（3）杯子里的酒倒得满满（mǎn mānr）的，还不够你喝吗？

如果有学生按照这种儿化的读法来读，也是可以的。因为这种读法更接近普通话口语的实际读法。

值得注意的是，当"好好"做状语时，后面的"的"要写成"地"。例如：

（4）咱们好好（hǎo hāor）地玩儿几天。

（5）你好好（hǎo hāor）地待在家里，别乱跑。

（6）把文章好好（hǎo hāor）地改两遍。

例句(4)至(6)中的"地"在口语中说成轻声的 de。

杜永道

"闷"读第几声

陈老师：

在统编教材三年级下册第 6 课《陶罐与铁罐》一课，"我的兄弟铁罐就在我旁边，请你们把它也掘出来吧，它一定闷得够受了"一句中，"闷"字应该读第几声呢？我查了一下字典，读第一声和第四声的"闷"都有密闭不透气的意思。所以，"闷"在这里到底该读第几声呢？

江苏省苏州市相城第一实验小学　张凯真

张老师：

多音字的读音一定是与字义相联系的。"它一定闷得够受了"一句是说铁罐被埋在密不透气的土里很长时间，因缺少空气流通而难受得很，因此"闷"在这里不是表示密闭不透气，而是表示因密不透气而引起不舒畅的感觉，这个意思在《现代汉语词典》(第 7 版)中注音为第一声。

陈　薇

"彩丝穿取当银钲"中"当"的读音

黄老师：

在教学统编教材五年级下册古诗杨万里《稚子弄冰》"彩丝穿取当银钲"这一诗句时，我们对"当"的读音有些拿不准，不知是读 dāng 还是 dàng，特向黄老师请教。

广西荔浦市第二小学　陈春娇

陈老师:

　　杨万里七言绝句《稚子弄冰》的前两句是"稚子金盆脱晓冰,彩丝穿取当银钲",这里写孩童早上起来将铜盆里冻的冰剜下来,然后用彩色的丝线穿起当作银钲(古代乐器)来玩耍。从语意来看,这里的"当"是当作的意思,所以应该读dàng比较好。

　　另外,这是一首讲究平仄的七言绝句,如果读作平声的dāng,那么"当银钲"三个字就形成了"平平平",在格律诗中,如果含有韵脚字的偶句末三字都是平声,这就造成了"三平调"或说"三连平",这是格律诗的大忌,所以"当"读dàng就可以避免在声律上出现这样的问题了,而且吟诵起来其声调高低有变,悦耳动听。

黄亢美

"掺和"的读音和含义

杜老师:

　　统编教材六年级下册第 1 课《北京的春节》第 4 自然段中说:"这是用各种干果(花生、胶枣、榛子、栗子等)与蜜饯掺和成的……"请问,其中的"掺和"的读音和意思是怎样的? 谢谢!

浙江省杭州市安吉路实验学校　李　楠

李老师:

　　这篇课文中的"掺和"是个"必读轻声词"。也就是说,只有一种读法,就是将其中的"和"读成轻声的 huo,而不要读成 hé 或轻声的 he。将词尾的"和"读成轻声 huo 的常见词语还有"搅和、暖和、热和、软和、匀和"等。

　　上面这些轻声词是普通话词语,同时也是北京话里的词语。在课文中,"掺和"的意思是"混合",指把各种干果混合到一块儿。

　　"掺和"也用于人,有两个意思。一个意思是"参与并干扰"。例如:

　　(1) 这儿够乱的了,你就别掺和啦。(《现代汉语学习词典》)

　　(2) 我们俩的事儿,你别瞎掺和。(《北京土语词典》)

另一个意思是"介入"或"插手"。例如：

（3）别人家的事儿他去瞎掺和什么？（《现代汉语学习词典》）

（4）甭往这儿瞎掺和，先打听打听规矩。（《北京话词典》）

从上面几个例子可以看出，"掺和"用于人际关系时，说话人对"参与"的举动都是持反对意见的。也就是说，这时的"掺和"一词含贬义。总体来说，"掺和"用于物时是中性词，表"混合"；用于人时，是贬义词，表贬义的"参与"。

杜永道

"衰"字怎么读

陈老师：

统编教材六年级下册第一单元《语文园地》中的"日积月累"部分出现的汉乐府《长歌行》中，"焜黄华叶衰"中的"衰"到底应该告诉学生读哪个音呢？是 cuī 还是 shuāi 呢？在小学古诗的教学中遇到类似这个"衰"的现象，到底教学生读古音还是今音呢？请您指导。

湖南省岳阳市华容县马鞍山实验学校　曾　琴

曾老师：

目前在语文教学中提倡按普通话读音朗读古诗词，这样可以降低学生的学习难度，也可以减少一些不必要的麻烦。"衰"字在普通话中是个多音字，多音字的读音是由字义决定的，意义不同，读音也不同。

"衰"字读 cuī 时表示逐渐减少，读 shuāi 时表示由盛转弱。《长歌行》中"焜黄华叶衰"一句的意思是枯黄的花叶草木都衰落凋零了，此句中"衰"字虽然读 cuī 更押韵些，但在句中表示花草由盛转衰、已经凋落了，还是要读 shuāi。仅供参考。

陈　薇

关于"车"的读音

黄老师：

《弟子规》中有"骑下马，乘下车"句。"车"在这里是读 chē 还是 jū？我查到的出版物上的读法也不统一，特向您请教。

新加坡读者　彭丽儿

彭老师：

"车"古音读 jū，音同"居"。东汉人刘熙所著的《释名》对"车"析解为："车，古者曰车，声如居，言行所以居人也。"也就是说"车"在汉代之前是读"居"音，因人乘车出远门时中途可"居"，特别是军队的战车，常是两匹马(骈)、三匹马(骖)甚或四匹马(驷)所拉，车较大，有遮篷，远征驻扎时可当作临时房屋"居"，故读 jū。

刘熙又说："今曰车，车，舍也，行者所出，若车舍也。"到汉代时，"车"的读音就已经与"舍"相近或相同，也含"车舍"之意。汉代《说文》注音(反切)为"尺遮切"，也就是说，至少从汉代起"车"就已经读 chē 了。

中国的象棋历史悠久，战国之前的典籍已经有记载，象棋中的"车"就是特指远征驻扎时可"居"的战车，象棋中的"马"也是特指骑兵战马。所以，现代除表示棋子义的"车"读古音 jū 外，表一般车子义的"车"均读 chē(见《现代汉语规范词典》等)。

《弟子规》中的"骑下马，乘下车；过犹待，百步余"，从现代语义及语音的变化来说，还是读 chē 好，因为这里的"车"也肯定不是战车。

黄亢美

"街"字的形旁"行"怎么读

黄老师：

我们在教学统编教材二年级下册《传统节日》一课时，对要写的生字"街"的形旁"行"的读音产生了分歧，是读 háng 还是 xíng 呢？特向黄老师请教。

广东省广州市花都区新华街第四小学　周晓华

周老师：

"街"字是一个从行、圭声的形声字，"行"的甲骨文写如"𣢴"，就像十字大道形，本义即是大道，《说文》的反切标注为"户庚切"，读音即是 háng。道路是供人行走的，故又引申为行走义的动词 xíng。《说文》对"街"析义为"四通道也"，因此，"街"的形旁"行"应读 háng，这样才与"街"大道的本义相合。

黄亢美

关于"街"字的识记方法

黄老师：

我在教学统编教材二年级下册《传统节日》一课要写的生字"街"时，一些学生提出了自己的识记方法："行"是人在街上行走，两个"土"组成的"圭"就像热闹的大街上扬起许多尘土。对学生这样的识记方法我该怎样应答呢？

浙江省宁波市海曙区宁波市实验学校　钱状杰

钱老师：

"街"是形声字，从行，圭声。"圭"字《说文》析解为"瑞玉也，上圆下方，以封诸侯，从重土"，意为"圭"是一种上圆下方的、表示吉祥的玉器，古代天子分封诸侯时会依其爵位的高低给予不同的圭玉，相当于信物凭证，两"土"重叠为"圭"意为在天子的"土"上划出的一块"土"给诸侯王自治。所以"圭"的本义是指作为礼器的瑞玉，为了突出其"玉"的特征，异体字也写作"珪"。

"街"与"圭"在《说文》中的反切分别为"古膎切"和"古畦切"，可见这两个字至少在中古前的读音是相同或相近的。现代普通话"街"读 jiē，"圭"读 guī，声韵母都不同了，这是古今音变所致。

在这种情况下，如果学生灵活地把本是形声字的"街"当作会意字析解，因古代的街道也多为泥路，将"圭"视为人来车往时的尘土飞扬，这样的灵活识记我认为也是可以的。值得注意的是，教学中我们一定要先"正解"，如果学生依据自己的生活体验灵活识记，只要这种识记方法对理解汉字的形义有记忆作用且不损害该字的本义，我认为也不必强行"纠错"。

黄亢美

"水蒸气"的"气"为何不带"三点水"

杜老师：

统编教材五年级上册第 16 课《太阳》中说："地面上的水被太阳晒着的时候，吸收了热，变成了水蒸气。"请问，"水汽""蒸汽"都带"三点水"，为何句子里的"水蒸气"的"气"不带"三点水"呢？谢谢。

福建省三明市三元区第二实验小学　苏才根

苏老师：

"气"常用来指各种气体。例如：

（1）潜水员带着氧气瓶开始下潜。

（2）那时，冬天生炉子总要安上烟筒，防止煤气中毒。

（3）浓烟里有毒气，人们赶紧躲开，跑了出去。

"汽"常用来指水蒸气。例如：

（4）蒸汽机车上响起了汽笛声。

（5）汽轮机是由高温高压的水蒸气驱动的。

"水汽"指水蒸气。例如：

（6）水开了，锅里冒出水汽。

（7）湖面上弥漫着茫茫的水汽。

"蒸气"指各种液体、固体变成的气体。例如：

（8）汞蒸气是有毒的，要防范。

（9）试管里出现了极少的碘蒸气。

"蒸汽"则专指水蒸气。例如：

（10）"桑拿"就是"蒸汽浴"。

（11）最初的发动机是蒸汽发动机。

"水蒸气"指水开后形成的气体。例如：

（12）水开了，水蒸气把壶盖儿顶了起来。

（13）馒头蒸好了，一揭锅，水蒸气冲了出来。

从上面的例子可以看出："气"指各种气体，"汽"指水蒸气。"水汽"（不要误写成"水气")跟"水蒸气"是同义词,所以"水汽"也被说成"水蒸气"的俗称。也就是说,"水汽""蒸汽""水蒸气"的意思是相同的。"水蒸气"的结构是"水＋蒸气",意为"水的蒸气"(这个"蒸气"是泛指的)。所以其中的"气"不带"三点水"。

杜永道

怎样分辨"锺"与"鐘"

黄老师:

我是教书法课的老师,在教学中常有困惑,作为书法艺术,汉字可以适当地写繁体字。如,"钟"字分别可以写成"锺"与"鐘",但书写这两个字的繁体时常不知该怎样选择,特向黄老师请教。

广西宾阳县黎塘镇开智中学　贺禄海

贺老师:

"钟"是简化字,原来的确是分别写成"鍾"与"鐘"的。"鍾"是容器,指盛液体的器皿,如"酒鍾""茶鍾",后又用"盅"表示,如"酒盅""茶盅"。还指古代量器,六石四斗为一鍾,例如:书中自有千鍾粟。由容器、量器把东西装入其中引申为装载、聚集,如:鍾灵毓秀[聚集美好之环境进而孕育(毓)出优秀之人才]、一见鍾情(初见就把情爱装入心中)、情有独鍾等。

"鐘"是响器,例如:警鐘、铜鐘、鐘鸣鼎食等。"鍾"与"鐘"原是两个形义不同的字,后简化都用"钟"代替,由此造成了一定的混乱,特别是原来表宗族姓氏的"鍾"简化为"钟"确有不妥之处。由此,2013 年国务院公布的《通用规范汉字表》中又将表姓氏的"钟"改回"锺"("鍾"依偏旁简化为"锺")。原来人教版教材《伯牙鼓琴》中擅长倾听琴声且能辨其意的人"钟子期"现在统编教材中也已改为"锺子期"。

作为书法艺术,书写繁体字时只要知晓"鍾"是容器,"鐘"是响器还是能很快分辨出其相应的繁体写法的。

黄亢美

"么"可以写作"吗"吗

杜老师：

统编教材六年级上册第 24 课《少年闰土》中，闰土说："现在太冷，你夏天到我们这里来。我们日里到海边检贝壳去，红的绿的都有，鬼见怕也有，观音手也有。晚上我和爹管西瓜去，你也去。"少年鲁迅问："管贼么？"其中的"么"是否现在写作"吗"？如果是，为何没有像课文里的其他字一样注明，如"带"注明"现在写作'戴'"，"检"注明"现在写作'捡'"，"希奇"注明"现在写作'稀奇'"。谢谢。

山东省禹城市清河小学　石红平

石老师：

为了保持鲁迅作品的原貌，有些今昔用法不同的字，课文就没有改动，例如您提到的"带""检""希奇""么"。课文对这种情况有的作了脚注。"带""检"是动词，"希奇"是形容词，都有实在意义，故不予说明会影响对句子意思的理解。而"么"是句末语气词，不说明不会影响对句义的理解。

的确，句子中的这个"么"现在写成"吗"。换句话说，过去"么"有跟"吗"相同的用法，但是现在不这样用"么"了。所以《现代汉语词典》（第 7 版）中指出"'么'旧同'吗'"。

在《现代汉语词典》中，凡写"旧同×"的用法，现在一般都不宜采用。例如："'分（fèn）'旧同'份'"，如今不宜将"都闹到这份儿上了"（"份儿"表程度、地步）写成"都闹到这分儿上了"；"'忿'旧同'愤'"，不宜将"愤愤不平"误写成"忿忿不平"；"'戒'旧同'诫'"，不宜将"告诫"误写成"告戒"；"'粘'旧同'黏'"，不宜将"黏合"误写成"粘合"；等等。

杜永道

"雁"字中的"人"表示什么

黄老师：

最近在网上看到一位名师讲解"雁"字的形义，他说"雁"的右下是一个"人"（亻）加一个"隹"，"隹"是鸟，雁就是一种习惯以"人"字形迁徙的候鸟。我感到这样的解说似乎不是很全面，特向黄老师请教。

新疆博乐市锦绣小学　南　灯

南老师：

"雁"是形声字，《说文》析解为"从隹，从人（亻），厂（hǎn）声"。雁是鸟类，故用"隹"表义。大雁每年都会迁徙，飞行时确如课文《秋天来了》所描写"一会排成人字，一会排成一字"。可见，单说大雁队形是"人字形"也是不够准确的。

"雁"字用"人"作形符主要还不是在其飞行的队形上，而是在"人"蕴含的意义上。古代的文字学家徐铉在《说文解字》注解中说："雁，知時鳥。大夫以爲摯，昏禮用之，故从人。"意为大雁是一种候鸟，大夫常以雁作为见面礼，民众婚礼也用到它，所以用"人"表义。

为什么古人用雁为礼物呢？因为古人认为"雁"具有"人"的品性："守时"——每年随着气候变化南北迁徙；"有序"——飞行时排成人字形或一字形，且多是强壮者或有飞行经验的领头，其余随后；"抱团"——迁徙途中在地面觅食时常有"哨兵"瞭望；"忠贞"——据说雄雌相守，终生不弃。因其具有这些"人"的品性，故"雁"用"人"表义。据说古代的婚礼至亲往往会送上一对大雁作礼物，以此祝福新婚夫妇如大雁般相亲相爱，不离不弃。可见，"雁"字以"人"作形符，其含义是非常丰富的。

黄元美

"水淋淋"的读音

杜老师：

统编教材二年级上册第20课《雪孩子》里说："小白兔得救了，雪孩子却浑身水淋淋的。"其中的"水淋淋"课文里的注音是 shuǐ lín lín,但也有老师觉得应该读 shuǐ līn līn,这种读法是否也可以? 谢谢。

上海市闵行区明强小学(东校) 李珊君

有问必答——小学语文教学疑难答问(第二辑)

李老师:

"水淋淋"一词在《现代汉语词典》中读 shuǐ lín lín,但该词典同时也括注明"口语中也读 shuǐ līn līn"。这表明,读 shuǐ lín lín 或读 shuǐ līn līn 都是可以的。也就是说,这个词有两种读法。

在《现代汉语词典》中,ABB 式形容词的注音有两种情况。一种是只注一种读音。例如:

(1) 白茫茫 bái máng máng

(2) 孤零零 gū líng líng

(3) 绿茵茵 lǜ yīn yīn

(4) 暖洋洋 nuǎn yáng yáng

(5) 软绵绵 ruǎn mián mián

(6) 黄澄澄 huáng dēng dēng

(7) 文绉绉 wén zhōu zhōu

其中例(1)至(5)的 BB 读音是本调,例(6)例(7)的读音是变读一声的变调。凡注一种读音的,宜按照《现代汉语词典》的注音来读。

另一种情况是有两种注音。例如:

(8) 黑黝黝 hēi yǒu yǒu,口语也读 hēi yōu yōu

(9) 红彤彤 hóng tóng tóng,口语也读 hóng tōng tōng

(10) 湿漉漉 shī lù lù,口语也读 shī lū lū

(11) 汗淋淋 hàn lín lín,口语也读 hàn līn līn

(12) 绿油油 lǜ yóu yóu,口语也读 lǜ yōu yōu

(13) 湿淋淋 shī lín lín,口语也读 shī līn līn

(14) 水淋淋 shuǐ lín lín,口语也读 shuǐ līn līn

读书面色彩的文章时,选择前一个读音好些;读口语色彩的文章时,选后一个口语中的读音好些。例(11)(13)(14)的注音显示,词缀是"淋淋"的 ABB 式形容词常两读。

杜永道

学生易将"歌"的"欠"写成"攵"怎么办

黄老师：

　　学生在写"歌"字时，常常将"欠"错写成"攵"，除了强记和多抄写外，还有什么方法能让学生不写错呢？

广东省东莞市茶山镇第三小学　蔡舒婷

蔡老师：

　　一些学生的确容易将形声字"歌"的形旁"欠"写成"攵"。汉字有效的识记方法应该是"析形索义，因义记形"，因此，我们首先就要分辨"欠"与"攵"的异同。

　　"欠"的甲骨文写如"𣢮"，《说文》的篆书字形写如"𣢦"，并析解为"张口气悟也，象气从人上出之形"。简言之，"欠"古文字像人张口呼气形，上是气息，下是人形，我们常说的"打哈欠"即是其本义，由此引申为人的呼气。如"歌"（唱歌须运气）、"歇"（劳累气喘，歇息使气平缓）、"饮"（饮须吸气，喝太热的汁类还会吹吹气）、"吹"（用口呼气）、"炊"（烧火做饭，常用吹火筒吹火使之明旺）。

　　而"攵"的甲骨文写如"𠂤"，篆文写如"𢼦"，像手（又）持器具"丨"击打形，用"攵"作形旁的字一般与手持器械时的敲击动作有关，如"牧"（手持牛鞭）、"教"（手持教鞭或戒尺）、"攻"（手持兵器）、"收"（手持刀具等）。

　　只要学生理解了"欠"与人的呼气有关，而"攵"与击打动作有关，这样，就不会写错与它们相关的字了。

黄亢美

"百满川"的"川"怎么解释

陈老师：

　　《乡村四月》第一句"绿遍山原白满川"的"川"的意思让我非常费解。

　　这首诗是原来人教版四年级的课文，现在出现在统编教材五年级的"日积月累"中。原来教材中"白满川"的注释是：稻田里的水色映着天空的光辉。"川"指平地。在统编教材教师教学用书中，有这首诗的大意，书中这样写"水光映照着天光，河川一片白洁"。

对于同一首诗的同一个字，两版教材解释不一样，一说"平地"，一说"河川"。作为同时教过两版教材的教师异常疑惑。向您请教。

山东省德州市湖滨北路小学　冯阳阳

冯老师：

"川"的本义是河流，因为有河流的地方往往有平原，因而又可指平地，比如"百川东到海，何时复西归"中"川"指河流，"敕勒川，阴山下"中"川"指平原。"绿遍山原白满川"中"川"的意义，要结合全诗的意境来确定。

《乡村四月》描写了江南农村春末夏初色彩明丽的风光和农人的繁忙农事。首句"绿遍山原白满川"是整首诗的背景。"绿遍山原"是仰视山色，一片新绿，"白满川"是俯视大地，一片白光。白光是地上反射出的阳光，地面能反射出阳光的一定是水面，可见"川"在这首诗里有水面的意思。

"川"是什么样的水面呢？作者翁卷一生生活在江南水乡，那里的平原河汊交错，多种水稻。联系第二句"子规声里雨如烟"，可知乡村四月雨水多，才会山绿水满。再联系第四句"才了蚕桑又插田"，可知"遍山原"的"绿"原来是桑树林，那"白满"的"川"就应该是水稻田了。

综上，这里"川"写出了地域特点，指有小河交错在其中的成片稻田，即春日江南的乡村大地。

陈　薇

"人问之"的"之"指代什么

陈老师：

统编教材四年级上册第25课《王戎不取道旁李》中出现了三个"之"，其中有两个"之"的意思是比较明确的，即"诸儿竞走取之"和"取之，信然"中的"之"都是代词，指李子。但另一个"人问之"中的"之"虽然也是代词，但具体作何种解释，我们在教学中产生了不同的理解：一说是指王戎，另一说是指"王戎不取道旁李"

这件事。请问陈老师,"人问之"的"之"具体指代什么呢?

浙江省湖州市东风小学教育集团　管　艳

管老师:

　　这里的"之"具体指代什么,要从"问"说起。"问"是可以带双宾语的动词,如"老师问他问题","他"是"问"的对象,称为间接宾语,而"问题"是"问"的内容,称为直接宾语。

　　有研究表明,在古代,"问"最初仅带一个内容宾语,后来出现了也可以只带一个对象宾语的现象,再后来发展成为这两类宾语同时出现,最终形成了现代汉语中的双宾语。从"问"的双宾语化过程和现代汉语中双宾语的性质看,内容宾语始终在"问"的宾语中占据稳定的、主要的地位。

　　"人问之"中的"问"仅带了一个宾语"之",这个"之"是对象宾语指代王戎,还是内容宾语指代"王戎不取道旁李"这件事? 根据上述研究结果分析,应该是后者。

　　同理,统编教材四年级下册第18课《铁杵成针》中"问之"的"之",也是内容宾语,指代"老媪磨铁杵"这件事。

　　以上仅供参考。

陈　薇

"捡"与"拣"

黄老师:

　　统编教材四年级上册第15课《女娲补天》写女娲"从各地拣来赤、青、黄、白、黑五种颜色的石子"炼成黏稠的石浆补天。句中的"拣"在2019年之前的教材中写成"捡",2020年后的教材改成了"拣"。怎样向学生解说"拣"与"捡"的区别呢?

广东省广州市花都区城区教育指导中心　黄少玲

.

黄老师：

"捡"是形声字，从手，"佥"(qiān)声，基本字义为拾取、收集，形义比较明晰，一般也不会用错。

"拣"的繁体是"揀"，从手，从柬，柬亦声。《说文解字》无"揀"字，"柬"字外面是一个"束"，内加一个"八"，楷书写成"丷"（倒八），"丷"有区分、分开的意思。"束"在这里是指捆束起来的竹简，《说文解字》对"柬"析解为"柬，分别择之也"，即解开成捆的竹简（一捆竹简相当于一本书），选择自己想看的内容进行阅读。由于查找的是竹简，所以"柬"又与（竹）"简"义通，故有"请柬""书柬"等词语。后加"扌"组成会意兼形声字"揀"，《广韵》析义为"揀，择也"，即是挑选的意思。简化字根据草书楷化写成"拣"。现代汉语中，"拣"仍含有对物品进行区分、挑选，然后收集起来的意思。

所以，教材说女娲从各地"拣来"五色石是非常准确的，因为"拣"有一个挑选的过程，而不是看到石块就随意地"捡"起来。

黄元美

这里的"在"字可以去掉吗

杜老师：

苏教版三年级《卧薪尝胆》一课中有一句："两千多年前，在长江下游有两个国家，一个是吴国，一个是越国。"其中"在长江下游"是介宾短语，充当着主语成分，口语说起来很顺畅，但作为书面语读出来总感觉有些累赘，我认为可以把"在"字去掉。

苏教版课本类似的句子还有，四年级上册第22课《九色鹿》中，"在一片景色秀丽的山林中，有一只鹿"。"在"字去掉，是让句子更简练了，还是破坏了句子的完整性？敬请指教。

安徽省六安市裕安区青山乡黄大桥小学　陆秀红

陆老师：

"在长江下游有两个国家""在一片景色秀丽的山林中，有一只鹿"中，正如您所说,都使用了介词"在"。这种句子表示事物存在的场所。同类的例子再如"在草地的中央有一个喷水池,在喷水池的两边是两个美丽的花坛"。

对这类句子,我们可以将开头的"在"去掉,使得句子简洁些,句子的基本意思不变。但是,这时句子的结构发生了变化,介词"在"后的名词性成分成了主语。用"在"时,"在长江下游"是介词结构,做状语;不用"在"时,"长江下游"是主语。

杜永道

这里的"儿"该不该读轻声呢

杜老师:

在统编教材一年级上册《月儿弯弯》中,"月儿"的读音是 yuè ér,在课文《小小的船》里"月儿"的读音也是 yuè ér,"船儿"的读音是 chuán ér。有些同事认为这些词语应该读成轻声,而课本标注的都带有声调,请问这些词语该不该读轻声呢?

另外关于带"儿"的词语,哪些要读成轻声,有没有比较统一的规定? 期待您的解答。谢谢!

广东省深圳市园岭外国语小学　陈妙娜

陈老师:

人们一般称月球为"月亮","月儿"的说法多出现在儿歌、民谣、童话、民间故事及某些韵文中。在实际的读音中,有将"月儿"读成"中重"格式的,也有将"月儿"读为"重轻"格式的。读成"中重"格式时,"月儿"的"儿"读本调;读成"重轻"格式时,"月儿"的"儿"读得比较轻。不过,这时的"轻"似乎没有轻声词中的轻读音节那么轻,只是前后两个音节比较起来,后面的"儿"读得轻些。

我觉得"月儿"在教学中读成上述两种格式,都是可以的。如果读成"重轻"格式,或许更符合多数人的口语习惯。您提到的"船儿"的读音情况跟"月儿"是相同的。

一般来说,用"儿"充当后一语素的双音词中,"儿"的读音最好依照《现代汉

第二部分　语音文字

语词典》中的注音来读。以上是我的看法，供您参考。

杜永道

"牛肚子"中的"肚"读第几声

杜老师：

在统编教材三年级中有篇课文，题目是"在牛肚子里旅行"。请问"牛肚子"中的"肚"应该读三声还是四声呢？百度上说：[dǔ zi]用作食品的动物的胃；[dù zi]1.腹部的通称；2.物体圆而凸起像肚子的部分。课文中的红头在牛肚子里旅行，是在牛的胃里旅行，那么到底是读 dǔ zi 还是 dù zi 呢？

广东省东莞市南城区阳光第六小学　贺玉玲

贺老师：

"肚子"用来指人或动物的腹部时，读 dù zi。例如"他肚子疼""小猫的肚子上扎了根刺"。

"肚子"用来指用作食品的猪、牛、羊等的胃时，读 dǔ zi。因此，我们在食品店或者餐厅里说到用来食用的动物的胃时，说 dǔ zi。口语中人们常说"牛肚（niú dǔ）""羊肚（yáng dǔ）""猪肚（zhū dǔ）"。

《在牛肚子里旅行》是一篇童话，是说一只蟋蟀在牛胃里旅行的故事。这时候说的"牛肚子"指一条牛的胃，而不是指人们当作食品的牛胃，因此宜读 niú dù zi。

杜永道

"薄雾"的"薄"到底读 báo，还是读 bó

杜老师：

听课时，我发现执教老师把人教版四年级上册《观潮》中"薄雾"的"薄"读成 báo。评课时，听课教师们各执一词。"薄雾"的"薄"到底该读 báo，还是读 bó？

重庆市梁平区力帆光彩小学天竺校区　李瑾秋

李老师：

"薄"是个文白异读字，文读 bó，白读 báo。"薄雾"一词带有书面语色彩，因此宜文读为 bó。例如可以说"薄雾弥漫细雨纷飞"。

杜永道

"二"与"两"

杜老师：

统编教材一年级下册第 6 单元第 12 课的题目是"古诗二首"，但是习惯中，一般表示数字"二"的意思时，我们都说"两"，为什么这个题目用了"二"呢？教学中该如何对学生讲解？平时生活中，"两"和"二"又该如何正确使用呢？

浙江省湖州市吴兴区弁南小学　李晓好、黄琼霞

李老师、黄老师：

在普通话口语中，在一般的量词前，人们习惯用"两"。例如：

（1）门口来了两个人。

（2）他买了两条烟。

（3）袋子里有两斤元宵。

（4）客厅里有两个沙发，两把椅子。

（5）桌上放着两本书。

（6）天上有两架飞机。

（7）两列火车从相反方向同时穿越隧道。

在传统的度量衡量词前，"二""两"都可以用。例如"二斤""二里"也可以说成"两斤""两里"。

总的说，在普通话口语中，在日常生活中，用"两"比较多。这样，有时"二"就显现出一种书面色彩。"古诗二首"跟"古诗两首"意思完全相同，都可以说，只是用了"二"之后，语体色彩上跟文言诗歌比较协调一致。再如，"七律二首"也可以说成"七律两首"。同样，前一种说法语体色彩更协调一些。以上供参考。

杜永道

正确的标调是什么

杜老师：

在小升初总复习试卷中有这样一道题：请用"\"画去加点字的错误读音。其中"侮辱"(wǔ rú)一词中标准答案将 wǔ 的读音画去了，虽然我们都知道，在上声的变调中，两个上声字相连，前一个变得近似阳平，但我还是认为标准答案有待商榷，因为"侮"字的正确读音只有 wǔ。

除此之外，对于"勉强"一词中"勉"的正确读音及"管理"一词中"管"的读音，老师们的理解也是模棱两可。像这种特殊情况词语中的第一个字究竟选择二声还是三声，请老师赐教。谢谢！

宁夏银川市兴庆区回民第二小学　田进兴

田老师：

据悉，有的地方，在作业和考试中，给词语注音只要求学生注出本调，不要求注出变调。我觉得这样的做法比较好，易于老师和学生操作。以上供您参考。

杜永道

"了"字能读成近乎于"啦"吗

杜老师：

人教版第 7 册第 1 单元第 4 课《火烧云》的第 1 自然段中共有 7 个"了"字。在一次公开课教学中，为了引导学生读出人们看到万物颜色发生神奇变化后的惊喜心情，朗读时我指导学生要把"了"字的读音适当延长，读成近似"啦"的读音。学生根据我的指导把惊奇的感情读出来了，但是在评课中，有的老师提出这样的指导是错误的。她们认为，"了"在字典中没有 lā 这一读音，并建议我采用轮读的方法。请问，她们的观点对吗？我这样的指导可以吗？

安徽省休宁县五城中心小学　程成贵

程老师：

在口语中，有时候，语气词"啊"出现在其他词语的后面。由于话语是连续不断说出的，各个字音在连续的语流中往往会发生一些变化。"啊"出现在"了"后时，会发生音变，"了"和"啊"急读合一，读成"啦"。这是语言中自然的语音变化。

关键是，说话的时候，"了"的后面有没有"啊"。如果有"啊"，要读成 la，书面上写成"啦"。从读的角度说，书面上的"了"要读 le，书面上的语气词"啦"读 la。评课老师的意见是正确的。

杜永道

这里的"作"怎么读

杜老师：

人教版六年级《穷人》一文有"作"这个多音字，配套的《教师教学用书》的"教学建议"中把"自作自受"中的"作"读 zuò。1978 年 12 月第 1 版，商务印书馆出版的《现代汉语词典》的"作"在"自作自受"中读 zuō，教师在教学时以哪个读音为准，恳请杜老师赐教，谢谢！

陕西省西乡县教学研究室　张永华

张老师：

1985 年颁布的《普通话异读词审音表》中规定，"作"字除了在"作坊"一词中读一声 zuō 外，其他情况都读四声 zuò。此前出的工具书（如您看到的工具书）中，"自作自受"中的"作"按照旧读法注音为一声。此后，工具书都按照 1985 年颁布的《普通话异读词审音表》中的规定，将"自作自受"的"作"注为四声。您在教学中，也宜将其读为四声。

杜永道

"落"在这里怎么读

杜老师：

苏教版三年级《掌声》中有句"因为小时候生病，腿落下残疾"中"落"是个多音字，当学生读到这里不知道"落"该读什么音时，我让学生查字典根据字义判断，这也是本学期学生能力训练之一。

通过查《新华字典》，学生一致认为读 luò，符合第四条解释：停留，〔引申〕留下。如，不落痕迹。我又查了《现代汉语词典》（第 7 版），"落"读 luò 时其中有一条解释为"留下"。我认为符合这条解释：小英生病腿留下残疾。可教参给出的读音为 lào，我让学生翻开字典找到"落"lào 的解释：用于一些口语词，如"落炕""落枕"。

我与同事交流时，大家说教参注什么音我们读什么音。我该怎样跟学生解释呢？恳请老师赐教，谢谢！

安徽省六安三里桥小学　袁学玲

袁老师：

"落"是个文白异读字，在"落下残疾"中读 luò 或读 lào 都不算错。前者是文读，后者是白读。我倾向于白读，因为"落"字单说时，普通话口语中多白读。

另外，建议在小学语文教学中，对文白异读字如"落""露""剥"等单说时的读音，最好作统一处理，以便于老师们操作。

杜永道

"旋转"的"转"到底怎么读

杜老师：

"旋转"一词的读音在我们年级组产生了很大的分歧，习题中也有给"旋转"中的"转"选择正确的读音。为此，我查了商务印书馆出版的《新华字典》和《现代汉语词典》，反而更加迷惑了。

《新华字典》中"转"(zhuàn)第一个义项是"旋转,绕着圈儿动,围绕着中心运动:轮子转得很快"。《现代汉语词典》中 zhuàn 这一读音的第一个义项也是"旋转:轮子转得很快"。但再查"旋"字下面的词条"旋转",读音却是 xuán zhuǎn,意为"物体围绕一个点或一个轴作圆周运动。如地球绕地轴旋转,同时也围绕太阳旋转"。

从读 zhuàn 时的义项分析,不管是《新华字典》还是《现代汉语词典》都认可"以一个中心做圆周运动"时读 zhuàn。但是组词为"旋转"时,尽管意思还是这个意思,读音却变成了 xuán zhuǎn。

两本权威工具书中的解释,着实让我更加困惑了,希望杜老师能为我答疑解惑,谢谢!

山东省德州市湖滨北路小学　冯阳阳

冯老师:

"转"字有两个读音,一个是三声 zhuǎn,一个是四声 zhuàn。读三声 zhuǎn 时,表示转变方向。例如:

(1) 你一直走,转(zhuǎn)过街角,就是那家商店。

(2) 走到十字路口右转(zhuǎn),就看见邮局了。

(3) 小李听见什么声音,忙转(zhuǎn)过头去看。

"转"读四声 zhuàn 时,表示做圆周运动。例如:

(4) 他使劲蹬车,车轮飞转(zhuàn),很快就到了医院。

(5) 地球每昼夜自转(zhuàn)一周。

(6) 风停了,风车也不转(zhuàn)了。

上面说的是"转"的读音。

"旋转"一词常见用法有两个意思。一个意思是作圆周运动。例如:

(7) 所谓志弱而事强者……恬然无虑,动不失时,与万物回周旋转。(《淮南子·原道训》)

(8) 如日月之旋转,必有交会之躔。(纪昀《阅微草堂笔记·滦阳消夏录五》)

(9) 琼华不置可否的点一下头,没有说话,另一些事在她脑子里旋转。(茅盾《一个女性》)

（10）让我们的每个日子，都像飞轮似地旋转起来。（艾青《光的赞歌》）

"旋转"的另一个意思是"扭转"。例如：

（11）惟门下大力，自能握此旋转机权也。（李贽《答邓明府书》）

（12）禁垣被震，城门示灾，不思竦动旋转，以大答天人之望，是则诚可忧也。（《明史·谢铎传》）

（13）让他们从人下人变成旋转天地的战士。（杜鹏程《保卫延安》第四章）

（14）〔他〕旋转身子一看，后面没有他的儿子同夫人。（叶圣陶《潘先生在难中》）

（15）这一理念在当时引领人们奋力前行，产生了旋转乾坤的巨大力量。

"旋转"表示上述两个意思时，都读 xuán zhuǎn。不仅现在的词典是这样注音的，20 世纪 30 年代的《国语辞典》也是这样注音的。也就是说，虽然"旋转"有一个意思是表示作圆周运动，但人们在读音时，就不再区分表示作圆周运动，还是表示"扭转"，统一读成 xuán zhuǎn 了。

杜永道

"挑"和"的"该读第几声

杜老师：

我在教学五年级下册《清平乐·村居》时，引导学生拓展阅读《破阵子·为陈同甫赋壮词以寄》，学生对词中"醉里挑灯看剑"和"马作的卢飞快"中的"挑"和"的"的读音产生疑问。

"挑"，根据字义应读第三声；"的"，该读第二声还是第四声一直存在争议。但根据王国维先生的《人间词话》中对《破阵子》这一词牌的用韵规则："醉里挑灯看剑"和"马作的卢飞快"的韵都是"仄仄平平仄（第五字可平可仄）"，那是否"挑"该读第一声，"的"该读第二声？但是对"挑"来说，字音和字义又不吻合了。恳请杜老师解惑，谢谢您！

广东省广州市荔湾区西关实验小学　谢立群

谢老师：

"挑灯"的"挑"宜读三声，"的卢"的"的"宜读四声。前者的读音见于《现代汉语词典》，后者的读音见于《汉语大词典》。"的卢"的"的（dì）"是白色的意思。"的卢"指额头有白色斑点的马。有人主张古诗文宜按照普通话读音来读，我赞成这种意见。

杜永道

轻声词为什么不标注轻声

杜老师：

统编教材二年级《沙滩上的童话》中的"商量"一词，还有《寓言二则》之《亡羊补牢》中的"窟窿"和"街坊"两词，以及《小马过河》中的"磨坊"一词，为什么都标注原声，而不是轻声？

浙江省湖州市弁南小学 黄琼霞

黄老师：

您提到的"商量""窟窿""街坊"在词典中，都是必读轻声词。"磨坊"不是必读轻声词。在词典中，"磨坊"的"坊"读二声。

我看了一下统编二年级下册语文教材，注意到该教材在课文中的注音都是单字注音，而不是给词语注音。单字注音只能标出本调，因此课文中的轻声词无法标注出来。

经了解得知，人教社新编的这套教材从二年级下册开始随文注音，都是给单字注音，注本调。这个情况教参里说了，或许有的老师没注意到。您可以把这个情况告诉其他老师。

在实际教学中，必读轻声词应当根据规范读音来读。例如"商量""窟窿""街坊"在当下各种工具书中均为轻声词。这种必读轻声词在教学中应该将第二个字轻读。如果其中第二个字读本调，就跟社会生活中的实际读音差异明显，让人感觉很别扭。

杜永道

"只得"中的"得"的读音是什么

杜老师：

　　沪教版四年级《第一个发明麻醉剂的人》一文中有这样一句话："华佗只得叫来几个大汉死死地把他按住，又用绳子捆起来，才勉强把手术做完。""得"是多音字，我的理解是华佗让大汉按住病人，并用绳子捆起来，是迫于当时没有麻醉剂，不得已而为之，是一种无奈的做法。

　　我查了《现代汉语词典》，觉得在这个句子里"得"的意思应该是：⑦用于情况不如人意的时候，表示无可奈何，读音应该是 dé。但是后来我在听公开课时，却发现有的老师把这个字读成 děi，而且也没有解释原因。我心里十分疑惑。请问：在这个句子里，"只得"中的"得"的读音到底是什么呢？

上海市闵行区莘松小学　李　丽

李老师：

　　"只得"是一个词，表示"只好"的意思，是说只有一种选择，没有其他选择。"只得"一词读 zhǐ dé，也就是说，其中的"得"读 dé。

杜永道

这里的"哟"注音正确吗

杜老师：

　　苏教版三年级《赶海》中出现"哎哟"一词，课后生字对"哟"注音为 yāo。这样的读法符合口语习惯，但是《新华字典》《现代汉语词典》对该字均注音为 yō、yo，没有 yāo 音。根据原文"哎哟"表示小伙伴发现手被螃蟹大螯夹住的惊讶之情，应该将"哟"注音为 yō。我的理解对吗？恳请赐教。

安徽省六安市裕安区青山乡黄大桥小学　陆秀红

陆老师：

　　"哎哟"是叹词，总是独立使用，不跟别的词语发生组合关系。"哎哟"读 āi yō，两个音节都读一声。"哎哟"是人们在表达惊讶、赞同、惋惜、痛苦等情感时发出的声音。

　　"哟"是语气词，用在句末表示祈使。例如："大家快来哟！""哟"的读音是 yo，不标调。yo 是拼写形式特殊的音节。采取这种特殊的拼写形式是为了准确描写实际的发音。

　　因此，您的看法是正确的，应该根据《现代汉语词典》《新华字典》等工具书的注音来给"哎哟""哟"标注读音。

杜永道

ABB 式的词语中 BB 部分读本音吗

杜老师：

　　统编教材一年级《一分钟》的第 1 段中"丁零零"这个词语的"零零"拼音标注为一声，标注的声调是这个词语的读音。《语文园地八》中的"和大人一起读"中《小熊住山洞》一文的第 2 自然段"绿油油"这个词语，"油油"的拼音是二声，是词语的本音，而不是读音。对于课文中的这种注音方法我们很多老师都有疑惑，恳请杜老师解惑，谢谢！

山东省莱阳市实验小学　　孙　英、孙彦华

孙老师：

　　的确，课文中"丁零零"的"零零"标注一声给老师们造成了困惑。因为工具书上查不到"零"或"零零"读一声的用例。"零"在工具书中读二声，工具书中的拟声词"丁零"的"零"也注为二声。

　　"丁零零"是拟声词，在口语中"丁零零"的"零零"人们习惯读一声。所以课文中注为一声也有一定依据。但是老师们查不到这种读法的依据。对此，我的建议是：根据工具书上的读音，给"零零"注二声，同时在教参中说明，口语中"零零"两字习惯读一声。这样做，既让注音有根据，也让老师们可以根据口语的习惯读法来教学。这个建议已经告诉编者。对老师们来说，要晓得"零"的规范读音是二声，也要知道，在口语中，人们习惯把"丁零""丁零零"中的"零"读一声。在教学中，可采取跟实际口语一致的读法。

"绿油油"中的"油油"注音为 yóu yóu 是正确的。"绿油油"是 ABB 式形容词。这种形式的形容词里的 BB 往往在实际发音中变读为一声。在《现代汉语词典》（第 7 版）中，"绿油油"注音为 lǜ yóu yóu，同时括注说明，口语中也读 lǜ yōu yōu。因此，教学中可读为 lǜ yóu yóu。同时，如果有人读 lǜ yōu yōu 也是可以的。

杜永道

"庄稼"的注音正确吗

杜老师：

统编教材二年级上册第 1 组第 2 课《我是什么》第 4 自然段中有这样一句话："我也做过许多坏事，淹没庄稼，冲毁房屋，给人们带来灾害。"其中"庄稼"一词中"稼"的注音是轻声，而当在本课后面练习出现"淹没庄稼"一词时，"稼"的注音却是第四声。

对于同样的词语，却出现不同的注音，老师们众说纷纭。有的认为，课文中出现和单独出现读音应该不同。有的认为，虽然"稼"的原声调是读第四声，单独注音应该注原调，但给"庄稼"这个词注音时应该注轻声，所以课后练习的注音是错误的。恳请杜老师指教，谢谢！

安徽省泗县泗城第一小学　　陈　玲

陈老师：

"庄稼"一词是个必读轻声词。也就是说，"庄稼"在普通话里只有这一种读法。课文中将"庄稼"注音为轻声词，是正确的。课后练习中，注音只出现在"稼"上，"庄"没有注音，因此可以理解成这里是给单字注音，故注的是本调。这是我的理解，供您参考。

杜永道

"闷雷滚动"中的"闷"读第几声

杜老师：

　　我今年教四年级，在使用人教版教材时遇到一个词：闷雷滚动。其中的"闷"在百度词典中读第一声，在《汉语大词典》中读第四声。在指导学生做练习时，有的答案是第一声，有的答案是第四声。请问"闷雷滚动"中的"闷"到底读第几声？

浙江省慈溪市第三实验小学　　林　燕

林老师：

　　"闷雷"的"闷"过去有的工具书注音为第一声，但是现在的《现代汉语词典》《现代汉语常用词表》等工具书的注音是第四声，建议您在教学中读第四声。

杜永道

数字联中"更"字该怎么读

杜老师：

　　在人教版五年级教材中有："一夜五更，半夜二更有半；三秋九月，中秋八月之中。（数字联）"句中有两处"更"。在授课时有学生把"更"读 gēng，也有学生读 jīng。请问在这一数字联中的两个"更"，究竟该怎么读呢？

浙江省湖州市吴兴区东风教育集团东风校区　　管　艳

管老师：

　　"更"读一声 gēng 的时候，可以用来表示历史上夜间的计时单位"更"。一夜分为五"更"，每"更"约两小时。在"打更""五更寒""三更半夜"等词语中的"更"均应读 gēng。在方言中，有将"更"的这个意思读成 jīng 的情况。例如《新编北京方言词典》中，"更"在"五更""打更"中读 jīng。

在普通话里，"更"表示上述意思宜根据《现代汉语词典》等工具书的读音，读gēng。因此，您提到的"一夜五更，半夜二更有半"中的"更"均宜读gēng。

杜永道

"扒（bā）土"还是"扒（pá）土"

杜老师：

人教版三年级上册《蟋蟀的住宅》第7自然段中有一句话是这样的："蟋蟀用前足扒土，还用钳子搬掉较大的土块。"其中"扒土"一词中的"扒"是多音字，既可以读bā，也可以读pá。

带着质疑，我查阅了《现代汉语词典》，发现"扒"字念bā时的意思是：1.抓着可依附的东西；2.刨，挖，拆；3.拨；4.脱掉，剥。念pá时的意思是：1.用手或耙子一类工具使东西聚拢或散开；2.从别人身上偷窃财物等。到底怎么来理解呢？恳请杜老师答疑解惑。

湖北省宜都市清江小学　陈　华

陈老师：

"蟋蟀用前足扒土"，是说蟋蟀用前足刨土，这里的"扒"宜读bā。"扒"读bā时，可表示"刨""挖"一类意思。《现代汉语词典》在"扒"读bā并表"刨""挖"义的释文中，有"扒土"的用例。

杜永道

"九曲黄河"中"曲"的读音

杜老师：

人教版六年级《中华少年》的"九曲黄河让我懂得百折不回"中"曲"字的读音让我迷茫——我以前一直都是读第一声的，因为它好像也是"曲折"的意思，可是"百度汉语"中"九曲"的"曲"却是第三声，且配套的语音朗读，此处也是第三声。可是这个字在"九曲连环"一词中却又变成了第一声。请问"九曲黄河"这个词，到底应该怎么读?

浙江省德清县高桥小学　郭洪明

郭老师：

"九曲黄河"中的"曲"指"弯曲的地方",宜读一声 qū。

另外,黄河因为弯曲多,所以也被称为"九曲(qū)",例如"九曲风涛何处显"(《西厢记》)。成语"九曲十八弯"中的"曲"也读一声 qū。

杜永道

第三部分　词语句子

"划线"宜写成"画线"

杜老师：

　　这段时间，我在给学生做练习题时，经常遇到要求将阅读题中的比喻句或拟人句用直线或波浪线表示出来的题目，然而题干中有时用"划线"一词，有时又用"画线"一词。学生问我"划线"和"画线"有什么区别，我也说不清楚。请教杜老师给予解答。谢谢！

上海市崇明区新海学校　朱素琴

朱老师：

表示用笔或其他东西做出线条、图形等，宜用"画"。例如：

（1）他用铅笔画出一条曲线。

（2）老师在黑板上画了两个圆形，一个三角形。

（3）这位画家善于画人像。

（4）连长用石头在地上画了一个简单的地形图。

（5）她用手在胸前连续画十字。

"划（huà）"做动词常表示以下三个意思：

一、表"划分""分开"。例如：

（6）村里专门划出了一片地，作为试验田。

（7）禁猎区划到了山根下。

二、表"划拨"（款项等）。例如：

（8）这笔款子已经用银行卡划付给你们了，请注意查收。

（9）用现金支付比较麻烦，还是通过银行划账吧。

三、表"谋划"。例如：

（10）我们正在规划明年的种植方案。

（11）一定要请老李参加这次会议，他善于出谋划策。

在《现代汉语词典》中，有"画线"的用例，而无"划线"的用例。当下的各种工具书一般都倡导用"画"来表示"用笔或其他东西做出线条、图形等"的意思。有的词典还特别说明，表示这个意思"现在一般写作'画'"。

近几年出版的工具书，如《现代汉语大词典》（商务印书馆国际有限公司，2015年版）、《现代汉语规范字典》（上海辞书出版社，2015年版），在"划"字的释义中已经取消了"同'画'"之类的说法。因此，学生练习中遇到的"进行划线"宜写成"进行画线"。

杜永道

"一言九鼎"与"一诺千金"的区别

杜老师：

我在一篇阅读材料上读到一句话："以前一直认为，只有一言九鼎、信守承诺才叫诚信。今天听了讲座才明白，踏踏实实做好本职工作、遵守社会规则，也是诚信的体现。"请问其中的"一言九鼎"用得是否妥当？谢谢！

上海市闵行区莘松小学　田　震

田老师：

"九鼎"是古代传说里夏禹铸造的九个大鼎，用来象征九州（传说中上古的九大行政区域）。夏商周三代将九鼎作为象征国家政权的传国之宝。后来人们用"九鼎"比喻非常重的分量。如宋代的黄庭坚在《次韵答叔原会寂照房呈稚川》中说："声名九鼎重，冠盖万夫望。"

成语"一言九鼎"的意思是，所说的话信誉极高，一言半语就能发挥重要影响或起决定性作用。这一说法出自《史记·平原君列传》，其中平原君赞扬毛遂说："毛先生一至楚而使赵重于九鼎大吕（大吕指周庙大钟。这里用九鼎和大吕来比喻说的话作用大、分量重）。"此后，人们用"一言九鼎"形容说出的话很有分量、很起作用。例如：

（1）这位老人虽然80多岁了，但在村里有很高的威望，发表的意见一言九鼎，是个有影响的村民。

（2）与会者意见纷纭，各持己见，互不相让，最后还是董事长一言九鼎，结束了这场争论。

（3）老刘在我们这儿是一言九鼎的人物，你还是找他谈谈吧。

（4）李总编虽然快退休了，但在编辑部仍一言九鼎，你提出的方案先征求一下他的意见吧。

而成语"一诺千金"则形容说话算数，极有信用。这个成语出自《史记·季布栾布列传》，其中说："楚人谚曰：'得黄金百斤，不如得季布一诺。'"意思是得到百斤黄金，也不如得到季布的一个承诺。后来人们用"一诺千金"来形容说话算数，有信用。例如：

（5）这位先生一向说话算数，一诺千金，你们对他答应的事儿尽管放心好了。

（6）我爱读这本武侠小说，其中有位江湖侠客，为人豪爽、一诺千金，结交了不少朋友。

（7）诚信是企业获得发展的重要保证，咱们企业这几年就是凭着一诺千金的良好信誉，才不断获得发展，一步一步取得今天的成就。

（8）他握住政委的手说："您放心，我一定把岛守好！"一诺千金，从此他再也没有动过下岛的念头。

您提到的"以前一直认为，一言九鼎、信守承诺才叫诚信"里要表达的是"说话算数才叫诚信"的意思，从上文对"一言九鼎"的解释可以看出，这里不宜用"一言九鼎"，宜用"一诺千金"。原句可改为："以前一直认为，只有一诺千金、信守承诺才叫诚信。今天听了讲座才明白，踏踏实实做好本职工作、遵守社会规则，也是诚信的体现。"

杜永道

"沙糖橘"和"砂糖橘",哪种写法正确

杜老师：

　　一天，一个学生送了我两个橘子，并且问我说：在水果店里，有的写成"沙糖橘"，有的写成"砂糖橘"，哪个写法是正确的？我被她一时问住了，回来翻了词典也还是没弄明白。还请杜老师解答。谢谢！

江苏省溧阳市埭头中心小学　史亚琴

史老师：

　　"沙"跟"砂"在使用上有所不同。"沙"字用"三点水"作偏旁，最初意指因水冲刷形成的细碎石粒。"砂"则是后起的"沙"的分化字，将水旁换成石旁，意指由岩石风化形成的细碎石粒。

　　在现代汉语中，"沙"跟"砂"很少单说，这两个字一般在合成词中充当语素。

　　比较含有"沙"跟"砂"的词语，我们可以看到这样一个现象："沙"在词语中，常用来表示自然界的"沙土"，例如"沙暴""沙尘""沙袋""沙雕""沙害""沙化""沙坑""沙砾""沙漠""沙盘""沙丘""沙滩""沙浴""沙洲""沙子"等。

　　用"砂"的词语，则多表示人造的物品（常见于建筑、制造、金属、矿产等行业），例如"砂布""砂锅""砂壶""砂浆""砂轮""砂糖""砂型""砂样""砂纸"等。

　　因此，宜写成"砂糖橘"。

　　值得注意的是，有的词语中有人写"沙"，有人写"砂"。对这样的词语，我们宜遵循《现代汉语词典》等工具书的规范写法来写。

　　另外，在词语中，有时用"沙"跟用"砂"意思不同。例如"沙眼"指眼睛的一种慢性传染病，而"砂眼"则指铸件上的小孔。

杜永道

"最"与"之一"是否矛盾

杜老师：

人教版六年级课文《月光曲》文后资料袋中，有个句子"贝多芬是德国最伟大的音乐家之一"。我认为这个句子前后矛盾。通常，对"最"字的理解应是"独一无二，唯一的"。句中"最"与"之一"是否矛盾呢？恳请您指教。

江西省吉安市遂川县正人红军小学　刘丽兰

刘老师：

"最……之一"是近些年常见的一种说法。这种说法表示程度达到顶点的几个人或几个事物里的一个。例如：

（1）他是我们厂里技术最优秀的工人之一。

（2）昆曲是我国历史最悠久的剧种之一。

（3）统计显示，我国是全球营商环境改革步伐最快的国家之一。

（4）世界卫生组织数据显示，巴新是亚太地区疟疾风险最高的国家之一。

（5）中国是目前世界上发展最迅速的国家之一，处在影响未来全球经济及其治理的关键位置。

因此，课文里的"贝多芬是德国最伟大的音乐家之一"的说法是可以成立的。意思是，"贝多芬是德国最伟大的几个音乐家中的一个"。

杜永道

"绝口不提的"的"绝"是什么意思

杜老师：

我在练习册里看到这样一道题："秦王绝口不提交城换璧的事"，要求查字典说出"绝"字的意思。字典中"绝"字有四种解释：①断。②穷尽。③极端的。④一定。我和学生们认为，句中的"绝口不提"是指因回避对方关注的事而不开口，也就是绝对不可能说出某件事的意思，于是认为"绝"是"一定"的意思。不知能否这样理解？敬请指教。

安徽省六安市裕安区青山乡黄大桥小学　陆秀红

陆老师：

"绝口"中的"绝"最初是"截断丝"的意思，后来常表"截断"。"绝口"是"住口""闭口""不开口"的意思，指对某事不提、不说。其中的"绝"可以理解成"（停）止住（口）"。例如：

（1）他绝口不提这件事。

（2）该他说自己的意见了，他却绝口不说。

（3）对小李的表现，老刘赞不绝口。

除了您提到的"绝口不提"外，还有"绝口不道""绝口不谈""绝口不言"等说法，这几个词语的意思是一样的，都表示对某事有意回避，一言不发。以上供您参考。

杜永道

"派"的用法

杜老师：

人教版五年级《晏子使楚》一课第 4 自然段有句晏子的话，"敝国有个规矩：访问上等的国家，就派上等人去；访问下等的国家，就派下等人去。我最不中用，所以派到这儿来了"。其中前两个"派"字，我认为施动者可以是齐国或齐王，语意上讲得通。但是最后一个"派"字，晏子是受动者，似乎"派"字之前要有个"被"才能说通。不知我分析得对吗？恳请老师答复一下。

安徽省宿州市埇桥区第十二小学　陈艳菲

陈老师：

这里的"派"是"派遣""差遣"的意思。如果表示某人是被派遣去做什么事的时候，的确如您所说，宜在"派"前用个"被"字。例如：

（1）小刘被派到第二工作队去了，明天早上就出发。

(2) 一名参加过一战的退伍军人被派往库塔那德担任邮差。

(3) 2005 年,怀有身孕的格桑德吉被派到宗荣村教学点。

但是,在口语中,有时候人们将这个"被"字省略了。例如,"这孩子非常努力,年年被评为三好学生"这句话,有时候口语里也说成"这孩子非常努力,年年评为三好学生"。后一说法虽然没有用"被",但是我们也完全能理解句义。再如,"他的文章被评为一等奖"有时候也说成"他的文章评为一等奖"。

我赞成您的意见,在面向小学生的教材中,这个句子如果加上"被",说成"被派到这儿来"更好一些。以上供参考。

杜永道

"慈祥"用在这里合适吗

陈老师:

在备人教版六年级《十六年前的回忆》一课时,我有一个困惑。第 5 自然段中说"父亲是很慈祥的,从来没骂过我们,更没打过我们"。我看《现代汉语词典》里关于"慈祥"一词的解释是这样的:(老年人的态度、神色)和蔼安详。课文中李大钊被军阀张作霖杀害时,年仅 38 岁。"慈祥"一词用在这里合适吗?

恳请赐教,谢谢!

安徽省阜阳市铁二处学校　薛万久

薛老师:

词语的使用是否恰当,要看它能否满足具体语境中的表达需要。

1927 年,李大钊 38 岁时被军阀张作霖杀害,永远离开了他的孩子们。1943 年,他的女儿李星华写下《十六年前的回忆》,追忆父亲牺牲前后的日子。李星华 1911 年出生于河北省农村老家。李大钊自 1907 年起就离开老家,外出求学、工作,直至 1920 年夏在北京大学工作稳定之后,才将全家接到北京定居。算起来,父亲去世时李星华只有 16 岁,与父亲朝夕相处的日子仅短短六年。

在近百年前的中国北方农村,早婚早育很普遍,李大钊结婚生子都很早,在十来岁的孩子眼里,父亲已经是长者了,所以"父亲是很慈祥的",这是作者最真

87

切的感受，"慈祥"用在这里是恰当的。可见，"慈祥"的适用范围，不仅仅局限于老年人，只要是形容长者，都可使用，比如在小学生眼里，老师也可以是"很慈祥的"。以上供您参考。

陈　薇

这个病句怎么改

陈老师：

与人教版五年级第 23 课《难忘的一课》配套的《全程练习与评价》（浙江人民出版社出版）中第 5 题"修改病句"中有这样一个病句：这是一艘最大的我国制造的远洋货轮。学生在修改时出现多种答案，有"这是一艘我国制造的最大的远洋货轮"，有"这是我国制造的一艘最大的远洋货轮"，还有"这是我国制造的最大的一艘远洋货轮"。请问老师，这三种改法，哪一种是正确的呢？

浙江省湖州市东风小学教育集团　管　艳

管老师：

您提出的这个问题涉及多层定语的排列顺序。

名词前面的修饰性或限制性的成分，被称为定语。一个名词的前面，定语往往不止一个，这多个定语，被称为名词的多层定语。"这是一艘最大的我国制造的远洋货轮"一句中，名词"货轮"前面有"一艘""最大的""我国制造的""远洋"四个定语。这四个定语，有个排序的问题。

在现代汉语中，根据与名词的距离，多层定语由远及近地按如下顺序排列：表示领属的定语＋表示时间或地点的定语＋表示数量的定语＋表示怎么样的定语＋表示什么样的定语＋表示性质或类别的定语。

原句中，"一艘"是表示数量的定语，"我国制造的"是表示怎么样的定语，"最大的"是表示什么样的定语，"远洋"是表示类别的定语，因此，正确的顺序应为：这是一艘我国制造的最大的远洋货轮。

陈　薇

"辛勤"与"勤奋"的区别

杜老师：

在最近的一次考试中，有这样一道题："'在夏天里，蚂蚁们每天一大早便起床，（辛勤　勤奋）地工作着。'请划去不恰当的词语。"很多学生无法区分"辛勤"和"勤奋"这两个词。

我也查了商务印书馆 2001 修订版的《新华字典》，其中对"勤奋"的解释为学习或工作努力不懈，"辛勤"的解释为辛苦勤劳。二者词义相近，不好区分。在分析这道题时，我以"勤奋"侧重于人而"辛勤"词义更广的角度来解释，让学生选择"辛勤"。但整篇文章又用了拟人手法来写。所以，不知和学生如何解释！请杜老师解惑！谢谢！

安徽省马鞍山市当涂县兴永中心学校　李　亮

李老师：

"辛勤"侧重于某种操作中的辛苦勤劳，"勤奋"侧重于主观上的不懈努力。您提到的句子里说"蚂蚁们每天一大早便起床"，是说蚂蚁们很辛苦，因此接下来说蚂蚁们"辛勤地工作着"，意思相接，文气顺畅。您的选择是正确的。

杜永道

"观赏"和"欣赏"有什么区别

杜老师：

在练习册的检测中我们遇到了一道选词填空的题目：

欣赏　观赏

1. 春节期间，爸爸带我到中山公园（　　）了在这里举行的全市花卉展览。

2. 叔叔送给我一张巴西国家队对中国国家队的足球赛门票，使我有幸坐在工人体育场的看台上（　　）到一场高水平的精彩球赛，真是太开心了。

这道题中的"欣赏"和"观赏"应该怎样选择？这两个词有什么区别？恳请您指教。

湖北省襄阳市樊城区磁器街小学　李　静

李老师：

"欣赏"和"观赏"都用于美好的事物，但使用对象稍有差别。"欣赏"的对象可以是看见的、听见的或感受到的。例如：

（1）孩子们和家长一起欣赏了魔术表演。

（2）小刘喜欢去音乐厅欣赏民族风格的交响乐。

（3）我们都很欣赏他的文学才华和在困难面前的乐观精神。

（4）老王很欣赏这部作品的艺术风格。

"观赏"指观看欣赏，一般用于眼睛能看得到的事物。例如：

（5）秋天我常去景山公园观赏菊花。

（6）大家一起观赏了孩子们的武术表演。

您提到的练习中的"花卉展览"和"球赛"都是眼睛能看到的，因此用"欣赏"和"观赏"都是可以的。

杜永道

"翠色欲流"怎么理解

陈老师：

统编教材六年级上册课文《草原》中有一个词语"翠色欲流"，这个词语是形容绿的形态，还是绿的程度？期待您的回答，谢谢！

重庆市巫山县师范附属小学　弋大芳

弋老师：

"翠色欲流"是一个主谓结构的四字词语，"翠色"就是绿色，是主语；"欲流"意思是水快要流下来了，是谓语。整个词语的意思是，绿的颜色好像就要流淌出来一样。

用形容水的词语"欲流"来描述颜色"翠色",看似不合理,但这个四字词语实质上是修辞中的比拟用法。比拟是用描述甲事物的词语来描述乙事物的一种修辞格。在这里,用描述水流的词语"欲流"来描述绿的颜色,形象而生动地再现了绿色的形态:植物的绿色在阳光的照射下,流动着晶莹透亮的光泽。因此,"翠色欲流"不是说明绿的程度,而是形容绿的形态。

陈　薇

"汇合"还是"会合"

杜老师:

某媒体刊文说:"在县城中心的大十字处,各社火队汇合集中展演,纷纷使出浑身解数展示各自的绝活……"请问其中"汇合"的用法是否妥当? 谢谢!

山西读者　蒙珊珊

蒙珊珊读者:

"汇合"跟"会合"虽然都表示"合到一处"的意思,但习惯上所指不同。"汇合"常用于水流、气流等。例如:

（1）嘉陵江跟长江在重庆渝中区朝天门汇合。

（2）两股气流汇合并驻留华南地区,使得强降水来得猛、来得快。

"汇合"有时也用于抽象的意志、力量、势力、文化等。例如:

（3）世界各国人民的意志汇合成一股反对霸权主义的浪潮。

（4）有的艺术风格是由不同民族文化的碰撞、汇合而形成的。

"会合"常用于人。例如:

（5）县大队跟武工队在李庄会合后,继续向东北方向前进。

（6）这支部队跨过公路,直抵吴家桥地区,与挺进纵队和苏皖支队顺利会合。

"会合"有时也表示"相见"的意思。例如:

（7）咱们明天上午 9 时在北海公园南门会合吧。

（8）老张打电话联系了距事发地较近的有关人员,请他们准备好马匹、骆驼,并约好会合地点。

您提到的"各社火队汇合集中展演"是说人员合到一处,因此宜用"会合",写成"各社火队会合集中展演"。

杜永道

"作客"还是"做客"

杜老师:

在教学中我碰到一个问题:"第一次作客你该怎样做",这里的"作客"是不是应该用"做客"更妥帖,还是两者可以通用?我查了《现代汉语词典》,有两种解释:①作客:寄居在别处,如作客他乡。②做客:访问别人,自己当客人。据此解释,应该用"做客"更合适,对吗?

江苏省昆山开发区兵希小学　吴益民

吴老师:

您的意见是正确的。"第一次作客你该怎样做"是说第一次到别人家当客人,应该怎样行事。而表示到别人家当客人,宜用"做客"。《现代汉语词典》《现代汉语大词典》(商务印书馆国际有限公司)等词典中表示"到别人家当客人"这个意思,都采用"做客"的写法。另外,新出的《义务教育常用词表》(商务印书馆)中也有"做客"的写法。

《现代汉语词典》等工具书中的"作客"表示"旅居异地",例如"作客他乡"。建议您根据《现代汉语词典》的写法来分别采用这两个词形。说到"到别人家当客人"的意思时,采用"做客"的写法;说到"旅居异地"的意思时,则采用"作客"的写法。在实际的使用中,表示前一个意思的情形比较多,表示后一个意思的情形比较少。

杜永道

"发愤"和"发奋"有什么区别

杜老师：

　　我在教学中发现，学生很难分清"发愤"和"发奋"这两个词语。请问这两个词有什么区别？该如何正确地使用？

浙江省慈溪市第三实验小学　　林　燕

林老师：

　　"发奋"跟"发愤"都表示为达到一定目的而鼓起精神，积极努力，但二者的意思有差别。

　　"发奋"着眼于精神状态。"奋"有"振作、鼓劲"的意思，"发奋"指振作起来，鼓足干劲去做某件事情。例如：

　　（1）年轻人要发奋向上，努力学习，认真工作。

　　（2）青年时代要发奋读书，打好专业知识的基础。

　　"发愤"着眼于人的内心。"愤"有"憋闷""郁闷"的意思，常用来表示因不满而情绪激动。"发愤"指抒发胸中愤懑，痛下决心去实现某种追求，有冲破某种压力或者摆脱某种困境的意味。例如：

　　（3）经过几代人发愤图强、刻苦攻关，我国的航天事业取得了巨大的成就。

　　（4）在艰难困苦的环境中，他发愤忘食，勤奋攻读，终于掌握了相关领域的知识。

杜永道

"期间"和"其间"怎么区分

杜老师：

　　在学生习作中，我发现他们经常会出现"期间"和"其间"混用的情况。请问这两个词在词义和用法上有什么不一样的地方？应该怎么教学生区分使用？

江苏读者　　徐　琳

徐老师：

"期间"常指"某段时间内"。例如：抗日战争期间、会议期间、"文革"期间、学习期间、训练期间。

"其间"是"其中""那中间"的意思。"其"是代词。"其间"可用于指时间、空间或其他方面。例如：

（1）他上了四年大学，其间多次获奖。

（2）这段山路很长，其间有几个山洞，可以避雨。

就表时段而言，"其间"表示的时段可长可短，"期间"表示的时段不能太短暂。从用法上说，"其间"前面不能加修饰语，"期间"前面必须加表示时段的修饰语。例如：可以说"这期间"，不能说"这其间"；可以说"在部队工作期间"，不能说"在部队工作其间"。再如：可以说"他插队三年，其间到水库工地劳动了半年"，不能说"他插队三年，期间到水库工地劳动了半年"。但是可以说"他插队期间到水库工地劳动了半年"。

另外，"期间"不宜出现在句子或分句开头。

杜永道

是"制定"还是"制订"

杜老师：

最近我们在教学活动中要安排学生"制订"班级图书角管理公约，在备课过程中，老师们对"制订"一词的使用有分歧，有的老师认为应该是"制定管理公约"。请问在这个语境中，用哪一个词更合理？

浙江读者　朱　敏

朱老师：

"制定"侧重于"定出"，强调动作的完成。例如：

（1）《汉语拼音方案》是 1958 年制定的。

（2）对这个问题，我国有关方面早已制定了应对的原则。

（3）明年将制定新的工作方案。

"制订"则强调动作的过程。例如：

（4）这个方案尚在制订之中，有什么想法，尽管提出来。

（5）本周一到周五，他们几个人的主要工作是集中精力制订宣传细则，这个细则下周讨论修订后，下发到有关单位。

（6）这个计划已经制订了两个月了，还没有完成。

从上面的例子可以看出，说明已经完成或将要完成，宜用"制定"，说明处于"创制拟定过程"，宜用"制订"。在行文中，只要不是说明处于拟定过程之中，宜用"制定"。所以此处宜用"制定管理公约"。

杜永道

怎样理解"千里目"

黄老师：

上王之涣的《登鹳雀楼》讲到"欲穷千里目"时，我发现这一句诗句的大意容易理解，但是一些学生会把"千里目"理解成"千里眼"。我一时也不知道怎样讲解才能让学生明白，特向黄老师请教。

吉林省长春市吉林大学附属学校　许　双

许老师：

"欲穷千里目"大意能懂，细解有些难。

古汉语中"穷目"是常用词，如诗人鲍照《代阳春登荆山行》中有"极眺入云表，穷目尽帝州"句。"穷目"就是穷尽目力，按习惯应是"欲穷目千里"（想要极尽目力看到千里之外），或说"目欲穷千里"（眼睛想要看尽千里之外），而诗人却说"欲穷千里目"，究其因主要是：(1)这是五言绝句，属于近体诗，按平仄规则，第三、第四句应是"平平平仄仄"和"仄仄仄平平"，若写成以上两种句式，第二、第四字的平仄就不相对了。(2)五言和七言的诗句还讲究"三字尾"，即后面三字形成一个短语，如"欲穷/千里目"，用"千里目"收尾。若写成"欲/穷目/千里"或"目/欲穷/千里"没形成三字尾，吟诵起来就不合拍。(3)写成"欲穷千里目"与"更上一层楼"对仗工稳，而且全诗上下两联均对仗，这也是这首诗能脍炙人口、千古传唱的重要原因。

综上,该诗句打破常格,写成了"欲穷千里目"。

黄亢美

这里的"其他"用对了吗

陈老师:

统编教材小学四年级语文上册第六单元第 18 课《牛和鹅》一文中有这样的句子:"我几乎被它拖倒了——因为当时我还很小,只不过跟它一样高呢! 其他几只鹅在后面吭吭大叫着助威。"句中应该用"其他"还是"其它"?

云南省陆良县活水乡鲁依小学 谢贵冲

谢老师:

"其他"是代词,指代别的人或事物,指称的范围很大,包括了人、动物、植物、事物、事情等;"其它"也是代词,但仅指代别的事物。所以,在指代"别的事物"这个用法上,"其他"和"其它"是可以通用的。

《现代汉语词典》《现代汉语规范词典》等权威工具书,都指出"其它"一般都可写成"其他"。因此,这里用"其他"是正确的。

陈 薇

这里可以填"一片片"吗

陈老师:

二年级的一次语文考试里有一道照样子填空的题目:"胖乎乎(ABB)。"有一学生填上"一片片"。批改时,我们几位老师颇有争议。我认为它是对的,是属于ABB 式的词语,而我的同事说不行,因为它是数量词。我又从网上查到 ABB 式的词语中包括数量词这一类型。可又有其他老师说,就算是,也不符合题目照"胖乎乎"的样子写词,因为"胖乎乎"是形容词。因此,我们语文组的老师统一要求,告诉孩子不要写像"一片片、一点点"等这样的 ABB 式词语。对此,我心中仍有疑惑,恳请陈老师赐教,谢谢!

福建省南安市第二小学　叶华明

叶老师:

如果单纯从词形表面的 ABB 式来看,"一片片"和"胖乎乎"是一样的。但从实质上说,两者有很大区别。"胖乎乎"是一种特殊的形容词,以 ABB 的重叠形式表示程度加深,同样是形容胖,"胖乎乎"的程度要比单音节"胖"深。这类形容词很多,比如"亮晶晶、乱哄哄、黑漆漆、金灿灿、轻飘飘"等。这类形容词的结构形式和语素搭配都是固定不变的,需要学生逐个积累才能掌握。

"一片片"是数量短语"一片"的重叠用法。类似的"一 AA"式重叠还有"一条条、一座座、一件件、一颗颗、一朵朵、一个个"等。这种数量短语的重叠是有条件的:①要求数词只能是"一",量词一般都是名量词;②都同时具有不重叠的形式,如"一条、一座、一件、一颗、一朵、一个"等;③重叠后表示"每一"或者"很多"的意思。因此,教师可以根据上述解释,用比较的方法告诉学生,照"胖乎乎"的样子写词语时,"一片片"的答案是错误的。

陈　薇

这个句子如何缩

陈老师:

考试中,我们碰到了一个缩写句子的习题:"我们每天有许多的零碎时间于不知不觉中被浪费掉了。"

阅卷老师讨论之后,有两种答案:

1. 时间浪费掉了。

2. 我们有时间浪费掉了。

在我看来,这个例句是一个兼语句。"时间"既是"有"的宾语,也是"浪费"的主语,缩句时不能看成一个单句,个人比较倾向于 B 答案。

请问,我这样缩句对吗?

湖南省邵阳市城步县红旗小学　肖尊烨

肖老师：

"我们每天有许多的零碎时间于不知不觉中被浪费掉了"一句不是兼语句。所谓兼语，要同时充当前一动词的宾语和后一动词的主语，而句中"时间"是前一动词"有"的宾语，却不是后一动词"浪费"的主语，因为"被浪费掉了"是"被我们浪费掉了"的省略，是个被动结构，"时间"是"浪费"的对象而不是"浪费"这个动作的发出者，这个动作只能是"我们"发出的。

这样看来，句中两个动词具有同一个主语——"我们"，这是连动句的典型特征，因此，全句是个连动句，其中"被（被我们）"是第二个谓语动词"浪费"的状语，"掉了"是"浪费"的补语。

在传统语法研究看来，主语、谓语、宾语是句子的主干成分，定语、状语、补语是句子主干的附加成分，缩写句子就是要明确句子的主干并保留下来。缩写句子是一种单纯的语法练习，目的在于检验学生是否能够正确分析汉语句子的语法成分，因而缩写的结果只要保留主干即可，不一定与原句意思相同或者仍是个通顺的句子。因此，这个句子缩句的结果应为：我们有时间浪费。

综上，缩写句子正确与否，关键在于对原句语法成分的分析。一家之见，仅供参考。

陈　薇

"淘气"与"顽皮"有何区别

陈老师：

统编教材二年级课文《雾在哪里》的第 1 自然段说："从前有一片雾，他是个又淘气又顽皮的孩子。"《汉语词典》解释，"淘气"就是"顽皮，不听话"。请问，在这句话中，"淘气"与"顽皮"有何区别？这样使用算重复吗？恳请您赐教！

安徽省黄山市祁门县祁山小学　汪志方

汪老师：

"淘气"与"顽皮"是一组同义词，它们的核心意义是相同的，都形容孩子爱玩、爱闹。但没有完全相同的两个词，这一组词还是有一些细微差别的：①从词义的侧重点来看,"淘气"更强调孩子"爱玩爱闹"中可爱的一面,"顽皮"更强调孩子"爱玩爱闹"中任性的一面。②从感情色彩上看,"淘气"带有褒义色彩,带有对孩子"爱玩爱闹"的包容与理解;"顽皮"的褒贬色彩都不甚明显,更中性化一些,是对孩子"爱玩、爱闹"的描述。③从语体风格上说,"淘气"更口语化一些,"顽皮"的书面语色彩更重一些。

"从前有一片雾,他是个又淘气又顽皮的孩子"一句中,将这两个同义词并列在一起,显然是在利用二者的异同点来表达意义。"又淘气又顽皮"描述了雾这个"孩子"爱玩闹、可爱中又带了点任性的性格特征。这样的表达,语言简洁、内涵丰富,不算语意重复。

仅供参考。

陈　薇

"词序颠倒"的病句该如何修改

陈老师：

统编教材六年级配套的评价卷的题目"按要求写句子"中有这样一句话——京剧发展和继承了中国传统戏曲的表现手法。(修改病句)考试过程中学生给出3种答案:①京剧继承和发展了中国传统戏曲的表现手法。②京剧发展了中国传统戏曲的表现手法。③京剧继承了中国传统戏曲的表现手法。

我想,该病句的类型属于"词序颠倒",即在一般情况下,一句话里面的词序是固定的,词序变了,颠倒了位置,句子的意思就发生了变化,因此造成病句。那么,以上三种答案中,第一种肯定是对的,至于第二和第三种能否算对呢? 还请陈老师解惑。

浙江省湖州市东风小学教育集团　管　艳

管老师：

修改病句的基本原则之一就是尽量不改变原句的意思。您提到的第二种和第三种答案都对原句的意思有些改变。如果原句出现了"用词不当"或者"词语重复"错误,可以允许第二种或第三种答案存在,但这个句子的错误仅仅是"词序颠倒"一项,所以只有第一种答案没有改变原意,是正确的。

陈 薇

"箭步如飞"对吗

陈老师:

有次听作文公开课的时候,我看到老师板书词语"箭步如飞"时感到很疑惑。我们一般用"健步如飞"形容步伐矫健,跑得快。回去查了字典,也有"箭步"这个词语,那么"箭步如飞"这个词对吗?

浙江省杭州上海世界外国语小学 胡昌升

胡老师:

"健步"和"箭步"的意义是有差别的。"健步"是形容词,形容脚步轻快有力,如"老人健步走上讲台"。"箭步"是名词,指像射出的箭一样迅猛的、一下子跃出很远的步子,如"小伙子一个箭步跃上了舞台"。因此,"健步如飞"形容人因脚步轻快有力而走得如飞一般快,而"箭步如飞"就说不通了,因此是错误的。

陈 薇

"满园春色"还是"春色满园"

黄老师:

我们在指导六年级学生诵读叶绍翁的《游园不值》一诗时,发现好些学生容易把"春色满园关不住"误读成"满园春色关不住",默写诗句也是这样,虽强调多次,但不久依然出错。不知有没有好的方法帮助学生识记。

江苏省南京致远外国语小学乐山路分校 徐 宁

徐老师:

叶绍翁《游园不值》中的"春色满园关不住"的确有不少人误读成"满园春色关不住",意思虽没变,但这是讲究平仄格律的绝句,是不能随意变序的。

对六年级的学生可作这样提示：七言绝句的平仄讲究"一三五不论，二四六分明"，即是上下句二四六字位的平仄要"分明"，即是相对（相反）的。按现代普通话，阴平、阳平（一、二声）为平声，上声、去声（三、四声）为仄声，出句"春色满园关不住"中二、四、六字"色—园—不"是"仄—平—仄"，对句"一枝红杏出墙来"中二、四、六字"枝—杏—墙"的平仄是"平—仄—平"，这样上下二四六字的平仄就相对了。如果读成"满园春色关不住"，光是看上下句中第二字"园"和"枝"两字都是平声，显然就不相对了，由此便能作出正确的词序判断。古诗中好多诗句都可以通过平仄来判断其正误。

黄元美

"三潭印月"还是"三潭映月"

陈老师：

在批改学生写的游记时，看到学生写到了在杭州旅游时的景点：三潭映月。这个写法对吗？是"三潭印月"还是"三潭映月"呢？根据意思，我觉得应该用"映"字，但查资料看到很多地方用的是"印"字。请您指点。

上海市闵行区莘松小学　王同艳

王老师：

西湖十景之一的"三潭印月"源自南宋时期。相传苏轼在杭州疏通西湖时，在堤外湖水最深处立了三座石塔。每个石塔腹中空，球形塔面上还有五个洞。中秋的晚上，园中的工人划船来到塔边，给圆形洞口贴上薄纸，在每个塔中心点上一支蜡烛，蜡烛的光芒透过薄纸放射出来，远看就像月亮一样。三个石塔总共映出十五个月亮，加上水中倒影是三十个，再加上天上的一个，它的倒影一个，还有一个在游人心中，共三十三个月亮。这一奇异的景致，只有在月朗天清的中秋之夜才能见到，形成了"三潭印月"之名胜。

可见，这一奇景的形成的确是利用了水的倒映原理，但此处观赏的重点不在于水面倒映了月亮，而在于水面上月影的数量之多，仿佛复制的一样，因此用

"印"比"映"更贴切。至今,西湖仍保留着清代康熙皇帝为这一奇景题词的石碑,上书"三潭印月"。

陈 薇

关于量词的用法

陈老师:

最近教学时,我对量词的用法拿不准。比如,统编教材二年级识字单元《场景歌》第一小节有一句"一艘军舰,一条帆船"用了不同的量词。请问,是因为军舰比帆船大,所以用"艘"吗?日常生活中,能说一"艘"帆船或者一"艘"小船吗?"条"与"艘"的区别是什么?

此外,这篇课文课后练习题填写量词的练习中还有一题:一( )稻田。除了原文中提到的一块稻田,还能填写哪些量词呢?

山东省东营市胜利第四十六中学 杨 栋

杨老师:

现代汉语的量词大多数是从名词转化而来。船的量词有"条、只、艘"三个。现有研究表明,"艘"的本义就是船,大约在秦汉之际开始有了量词的用法,表示船只的单位。"条"的本义为枝条,东汉时期虚化为量词,用来称量长条状的事物。"只"的本义是捕获了鸟,在先秦时期就用为量词,表示一只鸟,后来也用以表示牛羊等较大的事物;唐宋时期还可以表示船的单位,但与"艘"的使用场合不同,"艘"用于战争场合,"只"则在一般或非正式场合用;元代以后,"只"一般仅修饰较小的事物了。

综上可知,"艘"是专门用于船的量词,可以表示各种船的单位;"条"强调了船的形状,也可以表示各种船的单位;"只"修饰船时,一般用于非正式场合;所以"一艘船、一条船、一只船"都是可以的。

但在现代汉语的一般习惯上,对这三个量词作了区分。由柴油发动机驱动的、有专门用途的船只,无论大小,都用"艘",比如"一艘军舰、一艘快艇、一艘油轮";非柴油发动机驱动的、一般用途的船只,无论大小,都可用"条",应用范围就比较宽泛,比如"一条小船,一条大帆船";"只"仅表示较小的普通船只,而且多用于口语中。

至于"稻田"，其存在形式是面积，只要是表示面积的量词都可与之搭配，比如"一块稻田、一亩稻田、一片稻田、一方稻田、一垄稻田"等。

陈　薇

"慎终如始"的含义是什么

杜老师：

最近看新闻报纸时，看到一句话："当前我国疫情防控向好态势进一步巩固，但保持疫情防控成果、防止疫情反弹的任务繁重，必须保持头脑清醒，做到慎终如始。"请问其中"慎终如始"的含义是什么？谢谢！

福建省三明市三元区第二实验小学　苏才根

苏老师：

"慎终如始"是个成语，出自《老子》六十四章，其中说："慎终如始，则无败事。"意思是做事情做到结束的阶段，仍然像开始时一样谨慎小心，就不会有失败的事了。后来人们用其中的"慎终如始"来表示"结束时仍然慎重，如同开始时一样"。例如：

（1）慎终如始，常以为戒。（汉·刘向《说苑·谈丛》）

（2）肃矣我祖，慎终如始。（晋·陶潜《命子》诗）

（3）特赐御书"忠勤正直"匾额，勉其慎终如始，以成一代良史。（《清史稿·黄宗汉传》）

下面是"慎终如始"时下在媒体中的用例：

（4）强化责任担当，慎终如始做好市场监管工作，进一步落实好统筹推进疫情防控和经济社会发展各项任务。

（5）越到最后时刻，思想上越要"绷紧弦"，慎终如始，以决战决胜的姿态，坚决啃下最后的硬骨头，用脱贫攻坚的优异成绩向人民交上合格答卷。

媒体中的这些"慎终如始"也都表示"结束时仍然慎重，如同开始时一样"的意思。

另外，"有始有终"跟"慎终如始"意思相近。不过，"有始有终"侧重于"做事有开头，也有结尾"，意即做事要有头有尾、坚持到底。"慎终如始"则含有"谨慎从事"的意味，"有始有终"不包含这个意味。以往也有将"慎终如始"写成"慎终若始""慎终承始""慎终如初"的，但是现在的工具书一般写成"慎终如始"，如《新华成语词典》。

杜永道

"疏软"还是"酥软"

陈老师：

统编教材五年级下册课文《景阳冈》倒数第 2 自然段结尾的句子是"原来使尽了气力，手脚都疏软了"。对这句话中"疏软"的用法我实在是不明白，我清楚地记得以前的教材用的是"酥软"。究竟"疏软"和"酥软"的用法有什么讲究？

湖南省郴州市永兴县碧水小学　曹先华

曹老师：

首先，《景阳冈》出自《水浒传》。《水浒传》流传下来的版本很多，不同版本的细节和文字都会有一些出入。

其次，统编小学语文教材《景阳冈》选取的是和统编初中语文教材一致的版本，都节选自人民文学出版社 1975 年出版的《水浒传》第二十三回，题目是编者所加。以前的人教版小学语文教材《景阳冈》选自哪个版本，目前我还不能确定。

最后，统编教材中《景阳冈》下面的注释明确说明"选作课文时有删节"，原人教版《景阳冈》前面的说明中明确指出"略有删改"。"删节"的意思是只有删除，没有改动；"删改"的意思是既有删除，也有改动。

综上，目前可以确定的是：①"疏软"是《水浒传》原文的用语，目前还无法判断"酥软"是另一个版本的用语，还是原人教版教材的改动。②"疏软"与"酥软"出现在相同语境里，可以认为是同义词，这里都形容身体软弱无力。统编小学语文教材《景阳冈》所在单元的课文是中国四大古典小说的节选，除了《草船借箭》

是改写的白话文外，其他三篇都是未曾改动的原文，是为了让学生见到名著的原貌，产生阅读兴趣。这个单元的教学要求之一就是，遇到难懂的词语和句子，用猜一猜甚至跳过去的方法阅读原文。因此，教师在教学时，学生能够根据上下文猜出"疏软"是身体软弱无力的意思就可以了，不必过多解释。

陈　薇

关于"辨"中的"刂"

黄老师：

统编教材三年级《蜜蜂》一课有"辨认"一词，"辨"也是本课要写的生字。"辨"字内中的"刂"表示什么意思？名称叫什么？怎样讲解才容易让学生把它与"辩""辫""瓣"等形近字区别开呢？

广东省广州市花都区新华街第五小学　范　杰

范老师：

"辨"与"辩""辫""瓣"形近，都是用"辡"（biàn）作声旁的形声字。"辨"的小篆写如"辨"，可明显看出中间就是个"刀"字，作偏旁组字时写作"刂"，因其嵌入"辡"的内里，所以名称就叫"刀字心"。再如"班"字，中间的"刂"也是"刀"，表示用"刀"将"玉"剖开。《说文》对"辨"析义为"判也"，即用刀将物剖开，进而能区分辨别。

教学时可引导学生想象用刀切西瓜的情形。西瓜是否熟了呢？有时候看外表还猜不准，而用刀一切开，便能分辨得清清楚楚了。教学时可用顺口溜将它与形近字进行区别：

中间下刀能分辨，
中间发言很善辩，
中间有丝扎辫子，
中间结瓜切成瓣。

黄亢美

"弗"为什么表示"不"

黄老师：

统编教材五年级下册文言文《自相矛盾》有"其人弗能应也"句，"弗能"从文意上可以推出是"不能"的意思，"弗"这个否定副词在古文中经常出现。请问能从字形上引导学生理解它为什么表示"不"的意思吗？

河北省廊坊市第九小学　王　颖

王老师：

"弗"是个会意字，由"丿丨"（箭杆）和"弓"（捆物的绳子）组成。甲骨文写如"弗"，像用绳索捆束箭杆；金文写如"弗"，箭杆微微翘起，更显示出矫正的意思。

教学时可提示学生，箭杆必须直才射得准，射得远，所以发现箭杆翘起变形，就要把弯曲的箭杆与笔直的箭杆或笔直的物件捆绑在一起，以此矫正变直。或是刚砍下的竹子破开成一条条的小竹竿准备做箭杆，这就要捆束成把，经过一段时间晾晒定形后再解开，每一根箭杆就很直了。倘若一条条散开晾晒就很容易翘起变形。而现在正用绳索捆束住，当然是还不能用的。所以，作否定副词时，"弗"就表示"不"的意思，"弗能"就是"不能"。

近代学者研究认为古无唇齿音，古代"弗"的发音与"不"相同，具有同源关系。所以，也可以借助"不"的字音帮助理解"弗"字的读音和字义。

黄亢美

"踮起脚"和"踮起脚尖儿"

杜老师：

统编教材五年级下册"习作例文"《我的朋友容容》中说："每天早上，容容总是搬着椅子，爬上去，踮起脚，从大门口的邮箱里取出报纸来……"统编教材二年级"我爱阅读"中的《一株紫丁香》中说："踮起脚尖儿，走进安静的小院……"请问，这两例中的"踮起脚"和"踮起脚尖儿"哪种说法好些？谢谢。

浙江省慈溪市第三实验小学　胡梦霞

胡老师：

"踮"的意思是抬起脚跟，用前脚掌着(zháo)地。下面是工具书上的例子：

（1）踮着脚才够到书架上的书。（《新华字典》，商务印书馆，2020 年 7 月第 12 版）

（2）他人矮，得踮着脚才能看见。（《现代汉语词典》，商务印书馆，2016 年 9 月第 7 版）

（3）踮起脚来刚够得着。（《新华多功能字典》，商务印书馆，2005 年 12 月第 1 版）

（4）他被前面的人挡住了视线，只好踮着脚伸长脖子看。（《现代汉语学习词典》，商务印书馆，2010 年 8 月第 1 版）

（5）踮起脚才够得着。（《现代汉语规范字典》，上海辞书出版社，2015 年 1 月第 1 版）

（6）踮起脚看。（《现代汉语应用规范词典》，语文出版社，2019 年 1 月第 1 版）

以上工具书的用例采用"踮着脚"或"踮起脚"的说法，而没有采用"踮起脚尖"的说法，是有道理的。因为"踮"的意思是抬起脚跟，用脚掌前部着地。也就是说，抬起的是脚跟，而不是脚尖。

所以，比较起来，"踮起脚"比"踮起脚尖"的说法更好些。统编教材四年级上册第 1 课《观潮》中说："我们踮着脚往东望去，江面还是风平浪静……"其中"踮着脚"的说法是妥当的。以上意见供您参考。

杜永道

"拟订"跟"拟定"有什么不同

杜老师：

统编教材六年级上册第 31 页"口语交际"中的《演讲》里说："根据演讲的内容，拟定一个题目……"第 16 课"习作例文"中的《爸爸的计划》中说："雨水打湿了窗帘，打湿了写字台上他正在拟订的计划……"

为什么这两个句子里一个用"拟定",一个用"拟订"呢?它们有什么不同呢?恳请赐教。

浙江省江山市中山小学　廖小荣

廖老师:

"拟订"跟"拟定"侧重点有所不同。"拟订"侧重过程,而"拟定"侧重结果。如果表示草拟的过程正在进行之中,或者说正在进行某个起草工作,宜用"拟订"。如果表示已经进行了某个创制工作,或者将要进行某个创制工作,宜用"拟定"。

《演讲》里说"根据演讲的内容,拟定一个题目",是指尚未进行的活动,用"拟定"是正确的;《爸爸的计划》中说"雨水打湿了窗帘,打湿了写字台上他正在拟订的计划",是指正在进行的创制活动,用"拟订"是正确的。

顺便指出,"拟订"同"拟定"的区别和"制订"同"制定"的区别是相同的。如果表示正在进行的创制活动,宜用"制订",如果表示已经或将要进行的创制活动,宜用"制定"。因此,统编教材五年级下册第 43 页"活动建议"的《汉字真有趣》里说的"从下面的内容中选择一项,制订活动计划,根据计划开展活动……"中的"制订"改为"制定"更好些。

杜永道

这是一个排比句吗

陈老师:

统编教材四年级上册《走月亮》第 2 自然段有一句:"月盘是那样明亮,月光是那样柔和,照亮了高高的点苍山,照亮了村头的大青树,也照亮了,照亮了村间的大道和小路……"在课上有学生质疑这是不是一个排比句。

"教师教学用书"上提到:"第 2 自然段中四个'照亮了'构成的排比,犹如一组特写镜头,慢慢扫过点苍山、大青树、大道、小路……描摹出一幅皎洁的月光图。"所以它是排比句吗?

原文句子里第三个"也照亮了"的后面并没有内容,并且紧跟着第四个"照亮了",是作者有意为之,以示强调,还是有别的什么原因呢?

浙江省湖州市东风小学教育集团　管　艳

管老师：

排比这种修辞方式的特征包括：①由三个或三个以上的一组句子或短语构成；②这组句子或短语的结构相同或相似，有时会有部分构成成分的重复；③这组句子或短语一般都意义相关、语气一致。根据上述特征判断，我大致同意教师教学用书上的分析。

但是，这里的排比不是四个"照亮了"，而是三个"照亮了"。这三个句子构成的排比，充分表现出夜空月光明亮，慢慢扫过点苍山、大青树、大道和小路。其中第三个句子"也照亮了，照亮了村间的大道和小路……"中的谓语"照亮了，照亮了"，是将"照亮了"重复了一次，这是在句中使用的修辞方式——反复，强调月光照在村中的大道小路上显得更亮，同时将读者的目光聚焦在村中道路上，引起下文。而且在"照亮了，照亮了"这样的反复中间使用逗号，表示朗读时需要略长的语音停顿，使这组排比读起来节奏明快、朗朗上口，更有利于情感的表达。

陈　薇

这两个语气词是否妥当

杜老师：

统编教材三年级上册第 14 课《小狗学叫》中说："你这是给我设了一个圈套啊！"第 27 课《手术台就是阵地》中说："让您离开这里，是战斗形势的需要哇！"

这两处句子里的语气词一个是"啊"，一个是"哇"，我读起来觉得不太顺口。这两个语气词是否妥当？谢谢。

山东读者　曾月红

曾老师：

我们说话的时候，不是一个字一个字说的，而是连续说的。在连续的语流中，前后字音常互相影响而发生改变，这就是语流音变。语气词"啊"的变化是常见的一种语流音变。

根据语气词"啊"的音变规律，您提到的两个例子中的"圈套啊"应写成"圈套哇"。第二个例子中的"需要哇"是从"需要啊"音变而来的。这就是说，第二个例子根据音变规律,将"啊"改为音变后的"哇",而第一个例子里却没有将"啊"改为"哇",仍写"啊"。

当然,如果不想反映这种语音变化,都写"啊",也是可以的。但不论是否写音变后的语气词,都应一以贯之。这两例出自三年级上册,形成"一个按实际发音用字、一个仍写'啊'"的抵牾局面,不妥。

在不同册之间,也可以看到这种"有的改,有的不改"的情形。例如统编教材一年级下册第14课《要下雨了》中说:"燕子,你为什么飞得这么低呀?"而二年级上册"语文园地一"的《企鹅寄冰》中说:"我这里可是冰天雪地啊。"前一例中"这么低呀"里的"呀"是根据音变规律将"啊"改为"呀",后一例中"冰天雪地啊"却没有根据音变规律将"啊"改为"呀"。再如统编教材二年级下册《语文园地三》的《小枣树和小柳树》中说:"人们在树荫下乘凉,那有多好哇!"而六年级下册《那个星期天》中说:"走吧,怎么还不走啊?"前一例中"多好哇"根据音变规律将"啊"改为"哇",后一例中"还不走啊"却未根据音变规律将"啊"改为"哇"。

如果都根据音变规律对语气词"啊"进行改动,读起来就更符合普通话的实际发音,比不论什么情况都不根据音变规律改变用字而一直用"啊"要好些。

杜永道

"一蓬蓬雪屑"中的"蓬"是量词吗

杜老师:

统编教材四年级下册第20课《芦花鞋》中说:"他的赤脚踏过积雪时,溅起了一蓬蓬雪屑……"请问,这里是用"蓬"来作量词吗?谢谢。

福建省三明市三元区第二实验小学　苏才根

苏老师:

"蓬"在最初指草名,后来也指蓬松。例如《山海经·海内经》中说:"玄狐蓬尾。"其中的"蓬尾"指"蓬松的尾巴"。"蓬"后来也作量词。《汉字古今义合解字典》(上海教育出版社,2002年版)说,"蓬"作量词可"用于形状蓬松的东西",所举的例子有"一蓬花草"。歌曲《前门情思大碗茶》的歌词说"一蓬衰草,几声蛐蛐叫,伴随他度过了那灰色的年华",也用"蓬"作量词。

　　课文中说的"溅起了一蓬蓬雪屑"中,"蓬"是量词。"溅起了一蓬蓬雪屑"的前一句说"他笑了笑,掉头朝那个人追了过去",也就是说他是在雪地上急匆匆追人的,疾走时,蹚起的雪粉便飞溅起来。"一蓬蓬雪屑"是形容他急速行走时溅起的雪粉很松散。用"一蓬蓬"后,画面显得很形象、生动。以上供参考。

　　　　　　　　　　　　　　　　　　　　　　　　　　　　杜永道

"男女"是反义词还是区别词

陈老师:

　　统编教材一年级上册《语文园地四》的"识字加油站"中罗列出六组词语:大小,上下,南北,男女,开关,正反。"泡泡语"提示"我也会说这样的词语",引导学生初步感受反义词。

　　我想请教老师,其中"男女"一组词语是反义词还是区别词? 区别词表示人和事物的属性或区域性特征,有区分事物的分类作用。区别词表示事物的属性,而属性往往是对立的,因此容易和反义词混淆。请陈老师指导。

　　　　　　　　　　　　　　　　内蒙古包头市昆区团结大街一小　　刘　鹏

刘老师:

　　反义词和区别词是两个不同范畴的概念。

　　区别词从词的语法性质的角度划分出词的类别,是表示事物属性的词,只充当定语,起分类的作用。这类词多是成对出现的,互相比较、互为依存,是一一对应的固定关系,比如"雌:雄""民用:军用"等。

　　反义词是从词义之间的关系的角度对词进行的归类,反映出人们对客观事物之间反对关系或矛盾关系的认识,比如"大小"是反对关系,"大小"之间可能还会有"中"的存在;"男女"是矛盾关系,"男女"之间不可能有"不男不女"的情况存在。反义词都是成对出现的,是一一对应的关系,但这种对应关系不固定。例如,在不同的语境里,"红"与"黑"、"红"与"绿"、"红"与"白"都可能形成反义关系。

因此，一个词有可能仅是反义词不是区别词，如"上下"；有可能仅是区别词不是反义词，如"金:银"；也有可能既是区别词又是反义词，如"男"和"女"；都需要视具体词语而定。

小学语文教学中，反义词的教学目的是引导学生理解客观事物之间存在反对或矛盾的关系，这些关系可以通过反义词来表达。从这个角度说，学生只要理解这些词的词义及词义之间的关系就可以了，不必解释语法术语。仅供参考。

陈　薇

"戛然而止"可以用来指动作吗

陈老师：

统编教材六年级上册第 23 课《京剧趣谈》中有这样的句子："然而也怪，就在双方打得不可开交之际，那紧张而又整齐的锣鼓声忽然停下，人物的动作戛然而止……"文中"戛然而止"是指人物动作的停止。

我查过《现代汉语词典》（第五版），"戛然"有两个义项：1.形容嘹亮的鸟鸣声：戛然长鸣；2.形容声音突然停止：戛然而止。我又查过《辞海》，"戛然"也有两个义项：1.鸟鸣声；2.突然停止的样子。《现代汉语词典》明确指出"戛然而止"是指声音突然停止。请问："戛然而止"可以用来指动作突然停止吗？

四川省巴中市巴州区第一小学　张洪英

张老师：

汉语词义演变的常见规律之一就是由专指扩大到泛指。例如，"洗"最初专指洗脚，后来洗一切东西都可以叫作"洗"。"戛然"的词义也是如此。"戛然"在《现代汉语词典》和《辞海》中的义项①都是指鸟鸣声，在《现代汉语词典》中的义项②是特指声音突然停止，在《辞海》中的义项②是泛指突然停止的样子。事实上，在语料中可以发现，"戛然而止"不仅可以形容声音的突然停止，还可以形容生命、事情、故事、狂欢等的突然停止。因此，"戛然而止"可以用来指动作突然停止，使用的是《辞海》中的义项②。

陈　薇

"权利"与"权力"

杜老师：

统编教材五年级上册第 18 课《慈母情深》中说："那一天母亲数落了我一顿。数落完，又给我凑足了买《青年近卫军》的钱。我想我没有权利用那钱再买任何别的东西，无论为我自己还是为母亲。"其中的"权利"可以改为"权力"吗？谢谢。

福建省三明市三元区第二实验小学　苏才根

苏老师：

"权力"多跟"职务""职责"有关，是一种强制力。例如：

（1）作出该决定是市长的权力。

（2）校长有权力处理这个问题。

"权利"则跟"利益"挂钩。例如：

（3）必须维护公民的合法权利。

（4）这些福利属于教师的合法权利。

课文中说"我想我没有权利用那钱再买任何别的东西……"是说（认为自己）不再享有拿这些钱买《青年近卫军》之外其他东西的机会。这跟个人利益有关系，而跟强制力或职责没有关系。因此，课文中用"权利"而没用"权力"是正确的。

杜永道

"坐井观天"与"井底之蛙"

陈老师：

我们在备课时发现，统编教材二年级上册课文《坐井观天》下面的注释说"本文根据《庄子·秋水》改写"。我们翻看了《庄子·秋水》，却发现其中"埳井之蛙"的内容出现在原北师大版小学语文四年级上册《井底之蛙》一课中。我们又查了词典，发现这两个成语的意思都是比喻眼界狭窄，见识短浅。由此，我们产生了困惑：这两个成语故事的内容有差异，它们的意思完全一样吗？

北京市第二实验小学怀柔分校　张释伊

张老师：

要想准确理解和使用成语，首先要了解成语的来源，只有把成语放回其最本初的语言环境中，才能准确理解它的语意内涵；其次，成语在使用过程中，其最初的语意和用法可能会发生变化，应掌握其在现代汉语中的常见语意和习惯用法。结合出处及用法看，这两个成语还是有细微的差别的。

一、两个成语的来源

成语"坐井观天"是由古代典籍原句提炼而成的，其语出自唐代韩愈的《原道》："老子之小仁义，非毁之也，其见者小也。坐井而观天，曰天小者，非天小也。"意思是说，老子小看、轻视仁义，并不是在诋毁仁义，而是由于他的见识狭小。就好比坐在井里看天，说天很小，其实天并不小。《庄子·秋水》的开头有一段话与"坐井观天"的意思相近。黄河神认为天下一切美景全都聚集在自己这里，自得极了。当他来到北海边，见到比黄河更广阔无边的大海时，才感到自己的自得实在是太浅薄了。这时北海神对黄河神说："井蛙不可以语于海者，拘于虚也。"意思是，不能与井里的青蛙谈论关于大海的事情，是因为它居住的小井局限了它的眼界。课文《坐井观天》更像是根据"坐井观天"的意思编写的一则寓言故事，站在井沿的小鸟与坐在井底的青蛙讨论天到底有多大，小鸟认为天大得很，青蛙则认为天只有井口这么大。

"井底之蛙"源自《庄子·秋水》后半部分六个寓言故事之一的"埳井之蛙"。大意是说，井中的青蛙拥有一口浅井这么大的空间供它自如地跳跃翻腾。它心满意足，自得其乐。东海之鳖实在看不下去了，对它讲述了大海广阔的景象。井蛙由于没有见过大海，所以听了之后感到震惊，却茫然不解。课文《井底之蛙》就是这个寓言故事的白话文版。

二、两个成语的辨析

从语意看，"坐井观天"最初用来说明人的视野小、见识少，自然会形成错误的主观认识。后来多比喻处于眼光狭隘、见识短浅这种状态，人就会形成主观的一孔之见，不能正确地认识世界。"井底之蛙"最初用来说明，人如果自大于一己小天地，满足于一己小欢乐，就不可能理解更广阔的天地，也就感受不到更有价值的快乐。后来多比喻眼光狭隘、见识短浅的人,在自己的小天地里自满自得,无法理解世界的阔大和丰富。

从结构看,"坐井观天"是动词性成语,在句中多作谓语;"井底之蛙"是名词性成语,在句中多作主语、宾语。

陈　薇

"俨然一个"和"俨然是一个"

杜老师:

统编教材六年级上册第 9 课《竹节人》中说:"破课桌,俨然一个叱咤风云的古战场。"请问,其中的"俨然一个"是否宜说成"俨然是一个"? 谢谢。

浙江省湖州市东风小学教育集团　管　艳

管老师:

课文里说的"破课桌,俨然一个叱咤风云的古战场"的意思是"破课桌很像一个叱咤风云的古战场"。"俨然"表示"很像"的意思时,是副词。而副词一般不跟名词直接组合,例如我们不说"很桌子"。副词一般只作状语,例如"桌子很干净"中,桌子是主语,谓语部分是"很干净"。这个谓语部分是由状中结构"很干净"充当的,副词"很"作状语,形容词"干净"作中心语。

同样,表示"很像"的副词"俨然"也只作状语。例如:

(1) 这孩子说起话来俨然是个大人。(《现代汉语词典》《新华字典》)

(2) 他出手阔绰,俨然是个大富豪。(《现代汉语学习词典》)

(3) 他指手画脚,俨然是个大首长。(《现代汉语应用规范词典》)

(4) 他学魔术才几天,手法相当熟练,俨然是一个魔术大师了。(《商务馆小学生字典》)

(5) 这孩子说话俨然如大人一般!(《汉语大词典》)

(6) 光明照耀,俨然如新。(《辞海》)

例句(1)至(6)中的"俨然"都没有跟名词性成分直接组合,而是跟动词"是""如"组合,作状中结构的状语。

《现代汉语虚词词典》指出，"（俨然）作为副词，只修饰动词性词语，有判断的意义"。有时候，我们也看到"俨然"后直接出现名词性成分的现象。但是，作为语文教材，宜采用规范的说法。

因此，"破课桌，俨然一个叱咤风云的古战场"说成"破课桌，俨然是一个叱咤风云的古战场"更好些。

杜永道

"连接、联接"和"连结"

陈老师：

近期在阅读杂志时，我总会读到"连接""联结""连结""链接"这些词语，我想请教一下：

1. "连接"和"联接"能通用吗？

2. "连接"和"连结"两个词语在使用上如何区分呢？

江苏省南京市江北新区浦口外国语学校　施伟燕

施老师：

"连接、连结、联接、联结"在语言表达中常常出现混用的情况，其实，它们的用法还是可以分清楚的。

在教育部和国家语委于 2001 年 12 月年公布的《第一批异形词整理表》中，"连接、联接"属于同一组异形词，推荐使用"连接"；"联结、连结"属于同一组异形词，推荐使用"联结"。异形词指书面语中音同、义同、用法相同仅书写形体不同的词语，是普通话书面语需要规范的现象之一。《第一批异形词整理表》虽然仅提出推荐使用，但事实上，在国家的语文教学和正式出版物中，都已经按照其推荐统一规范使用了。也就是说，应当让学生知道，"联接、连结"属于不规范词形，不能再使用了。

"连接、联结"是一组近义词，都有将两个事物合在一起的意思，都是及物动词，用法也基本相同。它们在词义上的细微差别可以根据各自语素的区别来分析。"连"的意思是事物互相衔接，强调连续；"接"的意思是靠近，强调触碰。

"联"的意思是事物相互融合，强调彼此成为整体；"结"的意思是彼此凝聚，强调形成某种关系。

可见，"连接"侧重指触碰到一起而连起来，多表示事物之间的接触相续。"连接"的对象往往是两个比较具体的事物，比如道路、桥梁、线路、管道、区域等。例如"四通八达的公路网将城市和乡村连接起来"一句中，"连接"强调在空间上城乡点对点相连。"联结"侧重指按某种方式融合，多表示事物之间合成有某种关系的整体。"联结"的对象往往是两个或多个比较抽象的事物，比如思想、目标、情感、境遇等。例如"新兴的互联网系统将城市和乡村联结在一起"一句中，"联结"强调在互联网上城乡是一体的。

另外，"链接"特指将两个事物像链子一样相互环扣衔接起来，多用于工程领域。在计算机领域，"链接"特指将计算机程序的各个模块组成一个可执行的完整过程。

陈　薇

"不假思索"与"不加思索"

杜老师：

统编教材六年级上册第 14 课《在柏林》中说："两个小姑娘看到这奇特的举动，指手画脚，不假思索地嗤笑起来。"请问其中的"不假思索"是否可以写成"不加思索"？谢谢。

安徽省读者　孙圆红

孙老师：

《在柏林》中说，火车车厢里坐着一位"头发灰白的战时后备役老兵"，他身边是一位"身体虚弱而多病的老妇人"，老妇人嘴里重复数着"一、二、三"，这显然是一种病态。坐在一旁的两个不谙世事、稚气未脱的小姑娘觉得很怪异、很好笑，便指指点点，哧哧地笑起来。这引得一个老头儿瞪了她们一眼，她俩不再笑了。

课文叙述这个情景时说："两个小姑娘看到这奇特的举动，指手画脚，不假思索地嗤笑起来。"从课文叙说的情景看，是说两个小姑娘没有细想，或者说"没走脑子",就轻率地"嗤笑"起来。("嗤笑"是"讥笑"的意思)课文想用"不假思索"表达"没经过考虑"的意思。

那么"不假思索"是什么意思呢？请看下面的释义：

（1）用不着想,形容说话做事迅速。（《现代汉语词典》）

（2）用不着思考。形容说话办事迅速、果断。（《新华成语词典》）

（3）用不着想,形容说话做事迅速。（《汉语大词典》）

（4）用不着考虑。形容说话、做事反应迅速、果断。（《新编学生词典》）

（5）用不着经过思考（就作出反应）。形容说话、办事思路敏捷,应对迅速。（《现代汉语应用规范词典》）

（6）不用思考就作出反应。形容言行敏捷。（《成语大词典》）

从这些释义可以看出,"不假思索"是褒义的,是称赞人不借助思考就付诸言行,很敏捷。就是夸人做事、说话快。这显然跟课文中想表达的"没经过考虑"（含贬义）的意思不一致。表示"没经过考虑"可用"不加思索"。

《汉语成语源流大辞典》中的"不加思索"有两个用例,意思不同：

（7）见不加思索,援笔立就,呈上。（《三侠五义》九）

（8）当时张太太盛怒之下,不加思索,以致有此一番举动。（《官场现形记》四九）

例（7）中的"不加思索"跟"不假思索"意思相同,表示"敏捷"；例（8）中的"不加思索"则表示"没经过考虑"。

从上面的例子可以看出,"不假思索"只表示"敏捷",而"不加思索"既可表"敏捷",也可表"没经过考虑"。因此,课文中的"不假思索"调整为"不加思索"更好些。以上供参考。您的见解是有道理的。这个看法已告知编者。

杜永道

为什么说"红紫"而不说"紫红"

杜老师：

统编教材五年级上册第22课《四季之美》中说："春天最美是黎明。东方一点儿一点儿泛着鱼肚色的天空,染上微微的红晕,飘着红紫红紫的彩云。"其中为什么不采用常说的"紫红"而采用很少听说的"红紫"呢？请您赐教。

福建省三明市三元区第二实验小学　苏才根

苏老师：

的确，平时常说"紫红"不说"红紫"。"紫红"的意思是"深红中略带紫的颜色"（《现代汉语词典》）。工具书中一般有"紫红"而无"红紫"。《现代汉语常用词表》《义务教育常用词表》《汉语拼音词汇》也只有"紫红"而无"红紫"。

课文里说"东方一点儿一点儿泛着鱼肚色的天空，染上微微的红晕，飘着红紫红紫的彩云"，是表示黎明时分，东方现出鱼肚白，接着天空渐渐被初升的太阳染红，飘着"紫红紫红"的彩云。这彩云有点紫，也有点红，其实就是紫红色。

"染上微微的红晕"是说日出时东方的红色比较显著，紫红的彩云里红色多些，即彩云的颜色偏于红色。作者为了突出这一点，便把"红"放在前面，说成"红紫"，并采用了重叠形式"红紫红紫"，强调这种颜色比较重。

所以，课文里的"红紫"是作者为表达准确临时采取的一种说法，我们平时说话写作，宜采用社会普遍流行、使用的"紫红"一词。

杜永道

组词"层楼"对吗

杜老师：

在二年级的期末复习题中有道组词题"层（　　　）"。老师们在阅卷时发现大部分学生组词"楼层"，但也有部分学生组词"层楼"。"层"可否组成词语"层楼"呢？

辛弃疾的《丑奴儿》词里有："少年不识愁滋味，爱上层楼……"再查"'层'组词"，在一连串的词语中，也有"层楼"这个词语。我认为应该算正确。但是有老师批改时认为学生不懂"层楼"之意就将这个词语判成错误，理由是现代不常用，判错是为了警醒这些学生不组生僻词。我们在平时的作业批改和试卷批改当中，也经常会碰到类似的情况。当学生组生僻词语时，我们到底应该算学生对，还是错呢？请予赐教。谢谢！

广东省东莞市光明小学　贺玉玲

贺老师：

"层楼"是"高楼"的意思。例如：

（1）象玄圃之层楼，肖华盖之丽天。（汉代繁钦《建章凤阙赋》）

（2）纵西北层楼万尺，望重城那见。（宋代张先《卜算子慢》）

（3）半空云气层楼暗，四月江南欲雨天。（元代萨都剌《层楼即事》）

（4）我胸中的层楼呵，有八面来风！（贺敬之《雷锋之歌》）

从上面的例子可以看出，"层楼"古今都有用例，的确是一个独立的词。但是，老师们的意见也有道理，在现代语文生活中，"层楼"的确不大使用，是个冷僻的词语。提倡学生在组词时使用常见词语，是正确的做法，有益于学生掌握常用词语。不过，在组词时使用现代语言生活中较少使用的词语，也不宜算错。以上意见供您参考。

杜永道

"貌似"是比喻词吗

杜老师：

在教学《石榴》这篇课文讲到比喻句时，我问学生："你还知道哪些比喻词？"有位学生说："貌似。"我一愣，回答他："这个词表示'看起来像，实际上又不像'，我们一般不用它来写比喻句。"之后，我又觉得不妥，请学生用"貌似"来说一说。学生说："石榴到了夏天，郁郁葱葱的绿叶中，便开出一朵朵火红的石榴花。花越开越密，越开越盛，不久便挂满了枝头。走近看，貌似一个个活泼的小喇叭，正鼓着劲儿在吹呢。"

我觉得这个句子也算通顺。但课后请教同组老师，大家观点不一。有老师认为，"貌似"最初是网络用语，表示"好像是，然而并不是"。也有老师认为，在具体的句子中，用上"貌似"，也可以表示"样子看来像"的意思。还有老师认为，虽然它最早表示"然而并不是"，但是，如果大家都用它来写比喻句，约定俗成，慢慢就成了比喻词。请问："貌似"是比喻词吗？

江苏省南京市金陵中学河西分校小学部　李玉敏

李老师：

"貌似"是"表面上像"的意思。例如：

（1）这些势力貌似强大，其实很虚弱，因为没有群众支持。

（2）有些貌似弱不禁风的人，身体却硬朗得很呢！

（3）这些说法貌似公允，其实并不合理。

从上面的例子可以看出，"貌似"所表达的，是一种否定的语义。"貌似"后的词语说出一种表面现象，此后的话语随即否定这种现象。也就是说，包含"貌似"的句子所要表达的是"好像是……，其实不是"这个意思。

因此，包含"貌似"的语句是说话人用来表示否定的一种说法，不是用来表示某种比喻的，故而不宜将"貌似"看作比喻词。"貌似"在网络中与此不同的用法，不宜引导学生使用。对此，我们可以继续观察。

杜永道

这种情况下有几句话

杜老师：

关于标点符号的使用，在"数一数有几句话"这类题目中，我常有两个疑问：

1. 引号中间出现句号、问号等点号时算一句话还是几句话？如：小鹰又跟着老鹰向上飞。小鹰飞到了大山的上空，它又高兴地喊起来："这下，我真的会飞啦！"老鹰点点头说："是的孩子，真不简单！试试看吧，你还可以飞得更高呢。"这段话中是 4 句话，还是 3 句话？

2. 省略号是否算一句话？如：在我们的山坡上，到处都是果林。在阳光下，那熟透（tòu）的柿子像灯笼挂在枝头，满树的红苹果像一张张孩子的笑脸。在葡萄架下，成串的葡萄，有红的，白的，紫的……闪着迷人的光彩。这段话是算上省略号共有 4 句，还是不算省略号有 3 句？

云南省昆明市云南师范大学附属七彩云南小学　赵冬霞

赵老师：

"有几句话"的意思是，有几个句子。表达一个相对完整的意思，就算一个句子，就是一句话。句号、问号、叹号表示一个句子的结束，可以看作一句话的标志。"老鹰点点头说：'是的孩子，真不简单！试试看吧，你还可以飞得更高呢。'"这个言语片段里，有两句话，也就是说，老鹰说的是一段话，不是一句话。因此您提到的这段话里，包含了 4 句话。

"在葡萄架下，成串的葡萄，有红的，白的，紫的……闪着迷人的光彩。"这句话里的省略号后面没有点号。也就是说，"闪着迷人的光彩"是接着上面的话说的，还是另起的一句，从标点不能直接看出。为了清晰地表示出省略号后面的话是否另起的一句，宜在省略号后面加逗号或句号。从语义的连续性上看，"在葡萄架下，成串的葡萄，有红的，白的，紫的……闪着迷人的光彩"这句话里，"闪着迷人的光彩"是接着上面的话说的，不是另起的一句。以上意见供您参考。

杜永道

"决心"与"决定"有什么区别

杜老师：

我今年教二年级。在指导学生时，我遇到这样一道练习题："1. 我们（　　）放假了去乡下看望奶奶。2. 我（　　）把送报纸的钱攒起来，给她修理窗户。"有两个备选词语——决心、决定。孩子们选什么的都有，我拿不定主意。请问，这两个词语怎么选择才正确？恳请杜老师赐教。

安徽省界首市界首师范附属小学　邢振东

邢老师：

"决定"跟"决心"都可以作动词。这道题第一处括号内填"决定"比较合适。第二处似乎两个词都可以用。也就是说，第二处所给出的语境不太典型。或者说，第二处根据不同的大语境可以使用"决定"，也可以使用"决心"。

杜永道

"交待"与"交代"的用法

杜老师：

我今年教毕业班，发现学生在习作中经常把"交待""交代"混用。请问这两个词语的区别在哪里？如何指导学生正确使用？谢谢！

上海市闵行区七宝明强小学　郭亚熙

郭老师：

"交待"的使用范围非常狭窄，一般用于一种诙谐意味的表示"完结"的说法。例如：

（1）要是飞机出了事，这条命也就交待了。

（2）我今天开车，不能喝酒，否则小命就交待了。

"交代"常见的用法有：

一、把经手的事情交给别人。例如：

（3）你把手头的工作赶紧给小刘交代一下，咱们马上出发。

（4）老王正在交代工作，他明天乘飞机去南方，执行上级交给他的一项重要任务。

二、嘱咐。例如：

（5）他一再交代我们路上要谨慎驾驶，注意安全。

（6）总工程师反复交代我，一定要保证这项工程的质量达到标准。

三、说明。例如：

（7）你们进村后，一定要把政策向群众交代清楚。

（8）对这个人物的命运，小说在结尾处作了明确的交代。

四、坦白罪行或错误。例如：

（9）犯罪嫌疑人如实交代了犯罪事实。

（10）他向组织上交代了自己的贪腐行为。

"放翁自己交待此词写于……"中的"交待"表示"说明"的意思，宜写成"交代"。从社会的实际使用看，表示（3）至（10）的意思，一般都用"交代"。这表明，用"交代"表示"说明"等意思，不仅是工具书所倡导的，也是社会的主流用法。

杜永道

这里的"一本"怎么理解

杜老师：

苏教版六年级《小草和大树》一文中有这样一句话："姐妹三人节衣缩食，于1846年自费出版了一本诗集，结果仅卖出了两本！"有学生提出疑问：出版了"一本"，却卖出了"两本"，不够卖啊！我当时给出了这样的解释：前面的"一本"是合计的概数，表示很多本都是一样的书，后面的"两本"是确数，表示具体的本数，这样看前面的"一本"就大于并且包括后面的"两本"了。不知这样解释是否合适，请指教。

安徽省六安市裕安区青山乡黄大桥小学　陆秀红

陆老师：

"姐妹三人节衣缩食，于1846年自费出版了一本诗集，结果仅卖出了两本！"这句话里的"一本"和"两本"所指不同。"一本"是指出版的书的数量，例如"他出了一本散文集""老张出了两本诗集"。

您提到的课文中这句话里的"两本"，是指文章中提及的诗集销售出的数量。既然是出版，这个诗集自然有一定印数，销售出"两本"，显然是说销售出的数量极少。因此，这里的"一本"跟"两本"并不矛盾。

杜永道

可以说"生产水果"吗

杜老师：

"生产"这个词在百度百科中的解释是："指人类从事创造社会财富的活动和过程，包括物质财富、精神财富的创造和人自身的生育，亦称社会生产。"练习卷中出现了动宾搭配的练习：生产（　　　　），有学生写道"生产水果"，可以这样说吗？

浙江省湖州市弁南小学　黄琼霞

黄老师:

"生产"指创造生产、生活资料的活动。在社会生活中,可以看到"生产粮食""生产水果"及"水果生产基地"等说法。因此"生产水果"的说法是可以成立的。

杜永道

是"亭亭玉立"还是"婷婷玉立"

杜老师:

人教版六年级《索溪峪的"野"》一文中有这样的句子:"旁逸斜出,崛起巍巍斜山;相对相依,宛如'热恋情人';婷婷玉立,则好似'窈窕淑女'。"我总感觉"婷婷玉立"一词写错了,应为"亭亭玉立"。

《新华字典》中"亭亭"一词的解释是:1.形容高耸。2.美好:～玉立。也作"婷婷"。《现代汉语词典》中"亭亭玉立"形容美女身材修长或花木等形体挺拔。其中"亭亭"一义重在高、挺拔,应为第一种解释;但感觉也有美好的意思,可作"婷婷"。但《现代汉语词典》查不到"婷婷玉立"一词。恳请杜老师指点,不胜感谢。

山东省阳信县金阳街道张黄小学 郭书国

郭老师:

"亭亭玉立"多用来形容年轻女性身材修长匀称。其中的"亭亭"指高耸的样子。"亭亭玉立"是规范的写法,其中的"亭亭"不宜写成"婷婷"。"婷婷"指美好的样子,"袅袅婷婷"中宜用"婷婷"。

杜永道

是"分辨"还是"分辩"

杜老师:

我在教学人教版五年级下册第一单元词语盘点时,碰到一个词语"分辩",请问这是不是印刷错误,正确的写法应该是"分辨"。辩,中间是言,用嘴说的,是用语言来表达的,说出不同意见,如:辩论,辩解。辨,指找出事物之间的区别,主要是用视觉,就是眼睛来区分的,如:辨认,辨别。恳请您加以指点。

浙江省义乌市徐江小学　朱婉贞

朱老师:

"分辨"跟"分辩"是两个意思不同的词。"分辨"是"辨别""区分"的意思。例如:

(1) 忽然下起大雨,他们在路上艰难地走着,连方向都分辨不清楚了。

(2) 处理这些问题,要分辨是非,不能各打五十大板。

(3) 这个提包是新的还是旧的? 你分辨一下。

"分辩"是用话语去说明情况或理由等。例如:

(4) 你批评了人家,也要容许人家分辩一下。

(5) 小李听了老王的指责,便分辩了几句。

(6) 他们爱怎么说就怎么说吧,我不想分辩了。

杜永道

如何分辨 ABB 式词语变不变调

杜老师:

我们学校一直使用的是鲁教版教材,我们对三年级下册第 14 课《松鼠》中"毛茸茸"和四年级上册第 9 课《巨人的花园》中"火辣辣"的读音,有些疑惑。

请问,常用的 ABB 式词语,如果变调的都会有标注,没有标注的到底是读原音还是变调为一声? 面对这种情况,我们到底该如何界定与分辨?

山东省淄博市张店区柳泉小学　张珊珊

张老师:

ABB 式形容词在口语中 BB 常变读为一声。在教学中,对 ABB 式形容词的读音是否变调的问题,可以根据《现代汉语词典》的注音来处理:

如果《现代汉语词典》中只注了本调,就可以不变调。例如您提到的"毛茸茸"跟"火辣辣"就属于这种情况,只要分别读 máo róng róng、huǒ là là 即可。

如果《现代汉语词典》中只注了变调,ABB 中 BB 宜按照这种注音读阴平。例如"黄澄澄"跟"文绉绉"就属于这种情况,宜分别读为 huáng dēng dēng、wén zhōu zhōu。

如果《现代汉语词典》在注了本调之后,在括号中说明 ABB 中的 BB 在"口语中也读"阴平,这时,采用哪种读法都是可以的。如果倾向于接近口语的读法,可按照括号中的注音来读,否则,可按照本调来读。您可采取其中一种做法,并在教学中一以贯之。笔者倾向于按照"口语中也读"的音来读,因为这种读法更接近口语实际。

杜永道

"一只苹果"的说法可行吗

杜老师:

苏教版四年级下册第 5 课《苹果里的五角星》有这样一句:"一天,他来到我家,从桌子上拿起一把小刀,又向我要了一只苹果,说:'大哥哥,我要让你看看里面藏着什么。'"在"苹果"前用了数量词"一只",多数同学对此感觉别扭,读来不符合平常语言习惯,认为"一个苹果"妥当些。关于量词"只",有这样四种使用情况:某些成对东西中的一个、飞禽走兽等动物、某些器具、船只,而"苹果"和以上情况都无关联。我认为"一只苹果"的说法可以更改,不知对否,敬请指教。

安徽省六安市裕安区青山乡黄大桥小学　陆秀红

陆老师:

在普通话里,一般说"一个苹果",量词用"个"。不过在方言中,量词的用法往往跟普通话不同。方言里有"一只鸡蛋""一只苹果"之类的说法。课文中的"一只苹果"可以认为是一种具有方言色彩的说法。我赞成您的意见,将"一只苹果"改为"一个苹果"更妥当些,因为课文最好按照普通话的一般说法来选择量词。以上供参考。

杜永道

"辨证施治"与"辨症施治"哪个更准确

杜老师：

　　我的学生参加当地的汉字听写大赛，就因为一个词语而错失总决赛的机会。请问："辨证施治"与"辨症施治"哪个更准确？能否参加不重要，但不能误导学生。

浙江省温岭市泽国镇第二小学　黄跃军

黄老师：

　　表示辨明正确和错误时用"辨正"。例如：

　　（1）这本书讲的是字音辨正，针对的是常见的错误。

　　（2）专家们在辨正史实之后认定，这次战争发生在公元后。

　　（3）这篇文章从词义辨正的角度解读了这段话。

　　表示中医里的辨别病症时，用"辨证"。例如：

　　（4）中医大夫根据中医理论，全面分析，辨证施治，所以对慢性病的治疗常常能取得比较好的效果。

　　（5）中医有一套辨证论治的理论，我只学了一点皮毛，今后打算努力钻研。

　　表示"合乎辩证法的"，用"辩证"。例如：

　　（6）这些看法值得咱们学习，很辩证，也符合实际。

　　（7）我们要辩证地看问题，坏事中包含着向好的方面转化的因素，好事中包含着向不利方面转化的因素。

　　（8）应当学点辩证法，这对分析问题很有好处。

　　另外，"辨证"跟"辨症"是异形词的关系，也就是说，这两个词读音和意思相同，只是写法不同。《现代汉语词典》等工具书推荐的词形是"辨证"，因此我们宜写"辨证"。如果写了"辨症"也不算硬伤。

杜永道

关于"商量"和"庄稼"的读音疑问

杜老师：

我们在使用统编教材二年级下册的过程中，有一些疑问：

1. 本册教材第 10 课《沙滩上的童话》一文中写道："我们一起商量怎样攻下那座城堡。"其中"商量"一词注音为 shāng liáng，但在对应的《教师教学用书》中建议读成 shāng liang。在《新华字典》(第 11 版)中也是这样解释的，再比如"思量、打量"这个"量"字的注音都是轻声 liang。

2. 本册教材第 25 课《羿射九日》中写到"没有了太阳，就没有了光明和温暖，庄稼不能生长……"，其中"庄稼"一词注音是 zhuāng jià，但教参中的注音是 zhuāng jia。

这些说法让我们一线老师感到比较困惑，请帮忙解决，谢谢！

浙江省杭州市明珠实验学校　谢　媛

谢老师：

词语的读音宜根据《现代汉语词典》等讲求规范的工具书来确定。"商量""庄稼"两词，在《现代汉语词典》等词典里，都是必读轻声词。也就是说，这两个双音词的后一个音节，要读成轻声。既然是必读轻声词，那么不论处在什么语境里，这两个词的后一音节都要轻读。建议您在教学中按照这两个词普通话的规范读法来读。

杜永道

"分权""分岔""分汊""分叉"的不同用法

杜老师：

统编教材五年级上册第 17 课《松鼠》中说："松鼠的窝通常搭在树枝分权的地方，又干净又暖和。"请问，其中的"分权"除了用于树枝外，还可以用于其他事物吗？"分权""分岔""分汊""分叉"的用法有什么不同？

浙江省湖州市东风小学教育集团　管　艳

管老师：

"分权"一般用于树枝，不用于其他事物。如果说到道路、铁路的分支，可以用"分岔"。例如：

（1）这条山路在前面有个分岔，变成两条路，一条向左，一条向右，你走左边的，很快就到了。

（2）快进站时，铁路有个分岔，列车将继续直行，驶入车站。

如果说到河流的分支，宜用"分汊"。例如：

（3）村边的河水在东面有个分汊，成了两条河，一条流向小李庄，一条流入东面的大河。

（4）你沿着这条河一直往前走，到河的分汊处，会看见两座桥。

如果说到其他事物，可用"分叉"。例如：

（5）这个竹箅子有五个分叉。

（6）你拿的吃西餐的叉子有几个分叉？

把上面的意思归纳起来，就是：树枝用"分权"，道路（包括铁路）用"分岔"，河流用"分汊"。涉及三者之外的事物，如线、血管、旗袍、鹿角等，可以用"分叉"。

杜永道

"一支铅笔"对吗

杜老师：

统编教材一年级下册《语文园地二》中有"一支铅笔"。请问铅笔的数量词用"支"是否正确，为什么不是"枝"呢？

安徽省安庆市乌岭小学　吴阳春

吴老师：

"一支铅笔"的写法是正确的。现在提到杆状物时，要用量词"支"。除了您提到的"一支铅笔"外，再如：

（1）墙边靠着一支枪。

（2）桌子上放着三支毛笔。

（3）几案上点着两支红蜡烛。

"枝"作量词常见的用法是用于带枝子的花朵。例如：

（4）瓶子里插着一枝桃花。

（5）墙边的几枝梅花开了。

（6）从窗口望出去，可以看见三四枝梨花。

杜永道

句中包含几个语素

杜老师：

　　语素是最小的有意义的语言单位，但句子的语素要如何寻找？比如"蝴蝶在西双版纳的森林里飞舞"这一句，包含几个语素？分别是什么？

浙江省湖州市弁南小学　黄琼霞

黄老师：

　　语素是汉语中最小的有意义的单位。您提到的句子里的"蝴蝶"是一个语素。"西双版纳"是外来词，在汉语中是一个语素。这两个词在汉语中，各包含一个意思，不能再分割。"森林"是两个语素，其中的"森"和"林"都可以被替换组词。"在""的""里"各是一个语素，"飞舞"包含两个语素。这样算下来，"蝴蝶在西双版纳的森林里飞舞"共有 9 个语素。以上供您参考。

杜永道

关联词"因为……所以……"该怎么用

杜老师：

　　四年级语文试卷上有一题，要求将"纪昌勤学苦练"和"纪昌成了百发百中的射箭能手"用关联词连起来。有的学生写成：因为纪昌勤学苦练，所以成了百发百中的射箭能手。有的学生写成：纪昌因为勤学苦练，所以成了百发百中的射箭能手。

我认为这两种写法都可以，因为句子意思是清楚的。但是阅卷老师却认为第一种是错的，原因是当前后两个分句主语一致时，"因为"应该放到主语后面，并说这是从百度上查的。那么到底哪种说法是正确的呢？小学生有必要讲究这些吗？请指教。

安徽省安庆市潜山县槎水中心小学　肖晓明

肖老师：

您肯定这两种说法的意见是正确的。在"因为……，所以"的句子中，当前后分句主语不同时，"因为"宜放在主语之前。例如：

（1）因为事情太多，所以今天我才来看你。

（2）因为今年天气太旱，所以这里的庄稼有些减产。

如果前后分句主语相同，"因为"可以放在主语之前。例如：

（3）因为我们对各自的过去都很清楚，所以我们彼此都深深地理解并信任对方。

（4）因为我们是为人民服务的，所以，我们如果有缺点，就不怕别人批评指出。（毛泽东《为人民服务》）

也可以放在主语之后。例如：

（5）老刘因为今天去医院看病，所以他今天就不来开会了。

（6）小张因为一贯刻苦学习，所以他今天考试得了第一名。

也就是说，前后主语相同时，"因为"可以放在主语前，也可以放在主语后。因此，"因为纪昌……"和"纪昌因为……"两种说法都是可以的。

就您提到的句子而言，"因为"放在前面时，因果关系得到凸显；"纪昌"放在前面时，"纪昌"这个人物得到了凸显。以上意见供参考。

杜永道

四个"立刻"用得恰当吗

杜老师：

人教版五年级上册《慈母情深》中有一句："母亲说完，立刻……又坐了下去，

有问必答——小学语文教学疑难答问（第二辑）

立刻……又弯曲了背，立刻……又将头俯在缝纫机板上了，立刻……又陷入了忙碌……"这一句连用了四个"立刻"（副词），表示"很快很快"的意思。

文中的母亲长期从事缝纫工作，她的脊背、颈椎、手指和眼睛，都有不同程度的劳损，身体活动起来不可能那么灵活。可是作者笔下的母亲却很快完成了四个连续动作，还用省略号省去了一些动作。可否删去四个"立刻"和最后一个"又"？请您指教。

山东省莱州市莱州中心小学　贾晓丽

贾老师：

课文里的"母亲说完，立刻又坐了下去，立刻又弯曲了背，立刻又将头俯在缝纫机板上了，立刻又陷入了忙碌"这段话里，一共出现了四个"立刻又"。"立刻又"的反复出现，生动而真切地描写出母亲的劳累。也可以说，作者为了突出母亲的辛劳情状，运用了"反复"的修辞手法。当然，从句式看，也可以说这里运用了排比的手法。但这里主要是为了强调母亲的劳苦，从而给此后的叙述作个铺垫，故运用了"反复"的表达手段。这是我的体会，供您参考。

杜永道

"考察"等于"考查"吗

杜老师：

人教版三年级《奇怪的大石头》最后一个自然段中的一段文字是这样写的："后来，李四光回到家乡，专门考察了这块大石头。"其中出现了"考察"一词，而"考"字又是本课要求的会写字，那"考察"就成了必掌握的词语。但是学生在组词或是书写时，会无意识地写成"考查"，恰巧这两个词语的读音也相同，所以学生就误写了。请问"考查"和"考察"在使用上有什么区别呢？

湖北省宜都市清江小学　陈　华

陈老师：

"考查"跟"考察"用法有所不同。

表示"用一定标准检查衡量"用"考查"。"考查"常用于学生。例如：

（1）李老师对学生考查后，发现教学效果不错，学生们基本掌握了所学生字。

（2）这几个问题主要是考查学生口语的应变能力。

"考察"则用于调查研究一类活动。课文中有"李四光回到家乡，专门考察了这块大石头"的用例。此外再如：

（3）科学家考察了南极 12 月份的气候情况。

（4）专家们先考察了几个村子土壤和水质，然后提出了作物种植建议。

杜永道

"火苗窜出来了"对吗

杜老师：

我在读报时看到这样一句话："呀，火苗窜出来了，刺眼的火苗在舞动……"请问其中的"窜"用得是否妥当？谢谢！

浙江省温州市经开区滨海学校　李秀青

李老师：

"窜"读四声 cuàn，意思是"乱跑，奔逃"。例如：

（1）在我军的打击下，敌军向西逃窜。

（2）几个坏人抢劫别人财物时，碰到了武术教练，被打得抱头鼠窜而去。

（3）一片林子着火了，林子里的动物们东逃西窜。

"窜"也用来表示对具体文字材料的改动。例如：

（4）这篇文章里的个别字句被人窜改了。

"蹿"读一声 cuān，表示向上或向前跳。例如：

（5）守门员身体向上一蹿，把球接住了。

（6）见有人追来，猫叼着鱼，忽地蹿到房上去了。

（7）只见水面上不时有鱼儿蹿出。

（8）那人会武术，一蹿就上了墙。

"蹿"还有比喻性的用法。例如：

（9）水龙头坏了，一个劲儿往外蹿水，人们赶紧修理。（"蹿"表"喷射"）

（10）炉子里的火很旺，火苗直往上蹿。（"蹿"表"往上冒"）

（11）他听到这个消息，心里直蹿火，但没有表现出来。（"蹿火"表"冒火"）

"蹿"有时也表"迅速"的意思。例如：

（12）她唱的这首歌非常受欢迎，让她一夜之间便蹿红歌坛。

（13）这个产品在当地走俏，价格一路蹿升。

您提到的"火苗窜上来了"是"火苗冒上来了"的意思，宜写成"火苗蹿上来了"。

总之，"窜"跟"蹿"这两个字虽然读音和意思都不相同，但因字形相近，故而易错。

杜永道

有问必答——小学语文教学疑难答问（第二辑）

这里是否应有个"被"字

杜老师：

在人教版四年级《触摸春天》第 5 自然段中有这么一句话："我仿佛看见了她多姿多彩的内心世界，一瞬间，我深深地感动了。"请问，这里在"深深地"一词前加上"被"字是否更规范、更合理、更利于学生学习？

山东省滨州北海经济开发区第一实验学校　张景安

张老师：

我赞同您的看法。"我深深地感动了"说成"我被深深地感动了"更好些。这类句子在口语中，有时人们会省去"被"。不过，正如您所说，这类句子在课文中出现"被"，更有利于教学。这是我的看法，供您参考。

杜永道

第四部分　语法修辞

比喻还是拟人

陈老师：

　　人教版三年级上册《海滨小城》中有句话："凤凰树开了花,开得那么热闹,小城好像笼罩在一片片红云中。"这里运用的是拟人还是比喻的修辞手法呢？

　　敬请赐教！谢谢！

广东省广州市花都区新华街第五小学　毕丽颜

毕老师：

　　句子里,"热闹"是描写人的词语,用来描写凤凰树的花,是拟人。"热闹"一词让人充满了想象：花朵繁多,形态各异,一树一树地连成一片,这构成下文"小城好像笼罩在一片片红云中"这个比喻的相似基础。"凤凰树的花"是本体,"一片片红云"是喻体,相似点是红色淡而高,朦胧而成片。

　　这个句子中拟人和比喻的修辞手法都有。正因为比喻和拟人联系非常密切,才经常会在语言表达中连用。

陈　薇

这句话用了比喻吗

陈老师：

　　我在教学中对比喻句的判定有点困惑。

　　统编教材三年级上册《大自然的声音》中"当微风拂过,那声音轻轻柔柔的,好像呢喃细语，让人感受到大自然的温柔；当狂风吹起，整座森林都激动起来，合奏出一首雄伟的乐曲，那声音充满力量，令人感受到大自然的威力"，这句话有两个分句，有的老师认为这里把微风拂过的声音比作呢喃细语，把狂风吹动森林的声音比作乐曲，运用了比喻的修辞手法。有的老师认为风声是声音，呢喃细语、乐曲也是声音，不是比喻。究竟哪个观点正确呢？

广东省广州市花都区新华街第五小学　毕丽颜

毕老师：

比喻的本体和喻体必须是不同类的事物。您问题中的句子里，"微风和狂风的声音"是声音，"呢喃细语""雄伟的乐曲"也是声音，本体和喻体是同类事物，所以不是比喻。拟人是用描写人的词语去描写事物，是根据想象把物当作人来描写。

这个句子中，"呢喃细语""温柔""激动""合奏""雄伟的乐曲"等都是描写人的动作、性格、状态、作品的词语，在这里用以描写自然界中风声的不同状态，因而是典型的拟人手法。

陈　薇

这个句子运用了什么修辞

陈老师：

人教版小学语文六年级上册选读课文《看戏》一文中有个这样的句子："观众像触了电似的迅即对这位女英雄报以雷鸣般的掌声。"这个句子学生说运用了比喻和夸张的修辞方法。理由是：把观众的反应比作触了电似的。雷鸣般的掌声是夸张。

我认为：这句只运用了比喻的修辞。句子中有两个比喻成分，前一个是：把观众的反应比作触了电似的；后一个是：把掌声比作雷声。不知我的理解是否正确？文中还有一句"观众像着了魔一样，忽然变得鸦雀无声"是否也运用了比喻的修辞方法？请老师赐教。谢谢！

浙江省慈溪市第三实验小学　林　燕

林老师：

您提出的实际上是如何辨识比喻的问题。

比喻虽然在形式上常常有"像……似的""像……一样"等表示比喻的词，但其构成要素是三个：被比喻的事物，即本体；用来比喻的事物，即喻体；连接本体和喻体的相似点。例如"弯弯的月亮像一条小船"一句，"弯弯的月亮"是本体，"一条小船"是喻体，两者是两种不同类的事物，但具有形状上的相似点，因此构成一个比喻。

可见，辨识比喻有两个要点：一是必须有本体和喻体，且两者必须是不同类的事物；二是本体和喻体必须在某个具体的或联想的方面具有相似点。由此说来，您提出的三个语言现象，都不是比喻。具体说明如下：

1. 观众像触了电似的

一个人触了电，第一反应是非常迅速地缩回手来。"像触了电似的"用在文中，是描写观众对剧情的反应迅速，虽然引起反应的原因不同，但反应的主体都是人，反应的状态都是迅速。由于缺少喻体的存在，这句仅是一种类比，类比不是比喻。

2. 观众像着了魔一样

在文学作品中，一个人被施了魔法后的反应，往往是全身呆住、说不出话来。"像着了魔一样"用在文中，是描写观众受到剧情的吸引而产生"鸦雀无声"的身心反应，虽然引起反应的原因不同，但反应的主体都是人，反应的状态都是说不出话来。由于缺少喻体的存在，这句仅是一种类比，类比不是比喻。

3. 雷鸣般的掌声

"雷鸣般的掌声"意思是掌声和雷鸣声一样大，但事实上，掌声再大也不可能跟雷鸣声一样大。文中用"雷鸣般的"来夸大"掌声"之大，是使用了夸张的修辞方式。夸张是为了表达的需要，在客观现实的基础上故意扩大或缩小事物的特征，有时会借助比喻或拟人来构成。例如"燕山雪花大如席"一句是夸张，意思是燕山的雪花有席子那么大，为了突出雪大风寒，夸大了雪花的面积。这个夸张是由比喻构成的。"燕山雪花"是本体，"席子"是喻体，这两个不同类的事物，在形状上都具有片状的相似点，这样，"燕山雪花大如席"是夸张和比喻的兼类。

"雷鸣般的掌声"看上去有点像比喻："掌声"是本体，"雷鸣"是喻体，相似点是声音都很大，但必须指出的是，这里本体、喻体都是声音，是同类事物，而同类事物构不成比喻，因此，这个短语不是比喻，仅是夸张。

上面三个例子表明，带有比喻词的句子，不一定是比喻。

陈　薇

这个句子是比喻还是拟人

陈老师：

"不一会儿，那个空袋子就鼓了起来，仿佛吃饱饭的人，振作了精神"是拟人句还是比喻句？关于是拟人句的理由是：结合具体语境理解，从意境可以判断这是拟人句。但我认为"吃饱饭的人，振作了精神"出现在"仿佛"这个词后，"振作了精神"是作者的主观感受，而不是对空袋子的直接情态描写，所以应该是比喻句。请释疑，谢谢！

福建省宁德市寿宁县南阳中心小学　周琼珍

周老师：

判断修辞格的主要依据是其结构方式。拟人是用描写甲事物的词语去描写乙事物，甲事物不出现。比喻是把甲事物比作乙事物，甲事物是本体，乙事物是喻体，这两个事物是不同类的，但在某种情况下具有相似之处。

本句中，"那个空袋子"是本体，"吃饱饭的人"是喻体，两者一个是物，一个是人，属于不同类别；"仿佛"是连接本体和喻体的比喻词；"振作了精神"的言外之意就是"鼓足了劲儿"，和"鼓了起来"一起，形成本体和喻体之间的相似点；这些构成了一个完整的比喻结构，所以，这个句子是个比喻句。

陈　薇

这两句采用了什么修辞手法

陈老师：

统编教材六年级上册《桥》的第 1 自然段"黎明的时候，雨突然大了。像泼。

像倒。"采用了什么修辞手法？

　　教学过程中,有学生说"像泼。像倒。"采用了比喻的修辞手法。可是本体是"雨"的话,那么喻体是什么？有老师认为这两句采用了夸张的修辞手法,我也觉得难以让人信服。我个人认为,这两句用了拟人的手法,作者把雨当成人来写,那么大的雨,就像是人在泼水,在倒水,从而写出雨之大,来势之猛。

　　那么,"像泼。像倒"究竟采用了什么修辞手法呢？恳请老师赐教。

浙江省湖州市东风小学教育团　　管　　艳

管老师：

　　首先,我同意您的看法,"泼、倒"的对象都是水,没有喻体,构不成比喻。"泼、倒"都是描写人的动作的,这里用来描写下雨的动态,是拟人的修辞手法。

　　其次,我认为这句话也兼用了夸张的修辞手法。泼水、倒水的水流速度和力量要比雨水大得多,用在这里夸大了雨水的速度和力量,极言雨之大。类似的用法还有"瓢泼大雨"一词。

陈　　薇

作比较、举例子,还是作假设

陈老师：

　　五年级上册《太阳》中有这样一句话:"到太阳上去,如果步行,日夜不停地走,差不多要走三千五百年;就是坐飞机,也要飞二十年。"配套的《教师教学用书》指出这句话运用了作比较、列数字的说明方法,用步行和坐飞机到太阳的时间作比较,让人很容易感受到太阳距离地球的遥远。《教学设计与指导》中说这句话用了列数字、举例子的说明方法,举出步行、坐飞机这样的具体实例,强调太阳与地球的距离远。但我们反复研究,认为这句话用了列数字的说明方法是没问题的,但是没有使用作比较和举例子的说明方法。

　　人走到太阳上去或坐飞机到太阳上去不是实际事例,更符合用假设的想法表示将来会出现的情况。作比较的目的是突出事物的特点,用步行和坐飞机到太阳的时间作比较,只能说明步行慢或坐飞机快,无法说明太阳距离地球遥远。

因此，我们认为这里的说明方法不是作比较、举例子，而是作假设。

不知我们的说法是否正确，急盼回复。谢谢！

浙江省衢州市江山市卅二都小学　周井亮

周老师：

您提出的问题比较复杂，要结合上句来综合分析才能说清楚。"到太阳上去，如果步行，日夜不停地走，差不多要走三千五百年；就是坐飞机，也要飞二十几年"一句，是对上一句"太阳离我们有一亿五千万千米远"的具体说明。"一亿五千万千米"是多远，一般人是想象不出来的，所以对这句话理解不深。紧接着，作者就列举"走路"和"坐飞机"这样两个例子进行说明，让读者对"一亿五千万千米"有了感性的认识。同时，这两个例子——"走路"和"坐飞机"到太阳上去，又不是实际事例，而是不可能实现的假设。

综上可知，"一亿五千万千米""三千五百年""二十几年"是列数字的说明方法，"走路"和"坐飞机"是用举例子的说明方法对上一句作出具体说明。

这两个例子本身又采用了作假设的说明方法。同时，这两个句子之间又形成作比较的说明方法。作者使用了多种说明方法来把"太阳到底离地球有多远"说清楚。这种多种说明方法的综合使用，在说明文中是很常见的。

仅供参考。

陈　薇

这个句子采用了哪些修辞

陈老师：

六年级上册第9课《竹节人》中有这样一个句子：教室里的课桌破旧得看不出年纪，桌面上是一道道豁开的裂缝，像长江黄河，一不小心，铅笔就从裂缝里掉下去了。其中"教室里的课桌破旧得看不出年纪"，有的老师认为是运用了夸张的修辞，理由是用"看不出年纪"说明课桌实在太破旧了；有的老师认为是运用了夸张兼拟人的修辞，理由是"看不出年纪"把课桌当人来写，写出了课桌用了很久。

　　而"桌面上是一道道豁开的裂缝,像长江黄河",有的老师认为此句只用了比喻的修辞,把"豁开的裂缝"比作"长江黄河";有的老师则认为此句运用了比喻兼夸张的修辞,把课桌上的裂缝形容成长江黄河就是夸张。不知道哪种说法对,恳请您解答。

江西省吉水县文峰小学　黄建安

黄老师:

　　我认为"教室里的课桌破旧得看不出年纪"一句运用了夸张兼拟人的修辞手法。"年纪"是用于人的词语,现在用来描述课桌,是把课桌当人来写,是拟人;"看不出年纪"用在"得"的后面,表示"破旧"的程度。虽然看不出年纪,但事实上课桌一定是有年纪的,所以这里是用夸张的修辞手法强调课桌实在太破旧了。

　　"桌面上是一道道豁开的裂缝,像长江黄河"一句运用了比喻兼夸张的修辞手法。用"长江黄河"来比喻"豁开的裂缝",两者的特点都是"很长很宽";但事实上,"裂缝"再长再宽,也不会像"长江黄河"那样长和宽,是夸张地写出了"裂缝"。

陈　薇

这个比喻的本体、喻体是什么

陈老师:

　　统编教材六年级上册老舍先生的《草原》有一句:"那些小丘的线条是那么柔美,就像只用绿色渲染,不用墨线勾勒的中国画那样,到处翠色欲流,轻轻流入云际。"

　　老师们对这个比喻的本体和喻体有争议:有的说把有柔美线条的"小丘"比作"中国画";有的说把柔美的"线条"比作"中国画";我认为,是把那些小丘的线条构成的柔美景象比作中国画的一种画法,句中的"那样"是指示代词,指代的就是这种画法,即"只用绿色渲染,不用墨线勾勒",以展现内蒙古大草原有一种特殊的美。

　　见解当否,请您指教。

山东省莱州市实验小学　杨欣萍

杨老师：

从这个句子的结构上看，"那些小丘的线条"是主语，是比喻的本体，核心词是"线条"；"只用绿色渲染，不用墨线勾勒的中国画那样"是喻体，核心词是"中国画那样"。

简单说，这个比喻是把"线条"比作"中国画那样"。这里的"线条"指的是"小丘"的轮廓，"那样"指的是中国画中出现的山形的边际，二者的相似点是"只用绿色渲染，不用墨线勾勒"。比喻词是"就像"，构成一个完整的比喻，表现了内蒙古草原山水相连、天地一体的柔美。

陈　薇

这里运用了夸张的修辞手法吗

陈老师：

统编教材六年级下册《腊八粥》中有一句话："晚饭桌边，靠着妈妈斜立着的八儿，肚子已成了一面小鼓了。"这个句子除了运用了比喻的手法外，有没有用夸张的修辞手法呢？

湖南省岳阳市华容县马鞍山实验学校　曾　琴

曾老师：

"肚子已成了一面小鼓了"一句是个比喻，形容八儿这孩子因吃了很多东西而肚子有点鼓起。这里是形容肚子呈圆弧形，和小鼓鼓身的样子很像。鼓身的圆弧形凸起并不很大，肚子的圆弧形也不可能凸起很大，因此，这句仅是个比喻，没有夸张。仅供参考。

陈　薇

这句话运用了什么修辞手法

杜老师：

　　统编教材五年级下册《红楼春趣》中说："于是丫头们拿过一把剪子来，铰断了线，那风筝都飘飘飖飖随风而去。一时只有鸡蛋大，一展眼只剩下一点黑星儿，一会儿就不见了。"请问这里采用了什么修辞手法？谢谢。

广东省深圳市宝安区海裕小学　吴丽丽

吴老师：

　　《红楼春趣》中的"一时只有鸡蛋大，一展眼只剩下一点黑星儿，一会儿就不见了"这句话，运用了"层递"的修辞手法。"层递"是把意义上有递升或递降关系的三个或三个以上的短语或句子按照逻辑顺序排列在一起，以增强表达效果的一种辞格。例如：

　　（1）修身，齐家，治国，平天下。

　　（2）贼来如梳，兵来如篦，官来如剃。

　　（3）时间一天一天过去了，一月一月过去了，一年一年过去了。

　　虽然《红楼春趣》中这个句子有三个分句，跟排比一样，也是三项，但是这三项从语意上说，不是并列的，不是相关的几个方面，而是逐渐由大变小，显示出一种"递降"的趋势。

　　从结构上说，排比的词语结构相似，而层递没有这方面的严格要求。层递分递升和递降两类情况。"往大里说"是递升，如（1）中的"修身，齐家，治国，平天下"；"往小里说"是递降，如"眼前飞过一只大雁，一只麻雀，一只蝴蝶，一只蜻蜓"。层递也可以看作是一种特殊的排比，其特殊性在于排列的各项必须在内容上呈现递升或递降的态势。

杜永道

为什么这里是拟人而不是比喻

杜老师：

　　人教版四年级《蟋蟀的住宅》《飞船上的特殊乘客》这两篇课文的题目运用了什么修辞方法？教学用书中，均指出是拟人的修辞手法。

　　可我觉得，这两个题目，都没有把蟋蟀和植物的种子人格化，也没有赋予他们人的感情、语言、动作等。《蟋蟀的住宅》中"住宅"指洞穴，《飞船上的特殊乘客》中"特殊乘客"指经过航天旅游的植物种子，更像是比喻。为什么这里是拟人而不是比喻呢？我很疑惑，恳请指导！谢谢！

重庆市綦江区中山路小学　　彭　裕

彭老师：

　　《蟋蟀的住宅》《飞船上的特殊乘客》两篇文章的标题采用了拟人的修辞手法。不过，这里的拟人手法不是很直接。假如说"蟋蟀笑了""蟋蟀生气了"，是直接把昆虫当人来写，很容易看出是采用了拟人的手法。这里是间接地运用了拟人手法。"住宅"是人的居所，说"蟋蟀的住宅"，实际上就把蟋蟀当成了人来写。做"乘客"，是人的行为，说植物种子是"特殊乘客"，也是把种子当成了人来写。以上供参考。

杜永道

这两个句子是比喻句吗

杜老师：

　　五年级《小超人》作业本中有道判断题（判断它们是否是比喻句）：1.他猛地举起一块磨盘大的石头向敌人砸去。2.随着一声巨响，手榴弹在敌群中开了花。我请教了学校里的老师，但答案却不一样，还请杜老师指教！谢谢！

安徽省休宁县临溪小学　　许美汝

许老师：

　　"他猛地举起一块磨盘大的石头向敌人砸去"中，"一块磨盘大的石头"，是一种实际的比较，让读者知道这块石头有多大，不是比喻。比喻一般是用不同类的事物，根据某个相似点来打比方，进行说明。例如"这朵花红得像火""那面墙白得像雪"，都是用不同类的事物打比方来进行说明。有时候，虽然有"像"，也不一定是比喻句。例如"他很像他叔叔"这也是一种实际的比较，不是比喻句。

　　"随着一声巨响，手榴弹在敌群中开了花"中的"开了花"来自"开花"，是由"开花"中嵌入一个"了"而来的。"开花"一词有个义项是"像花朵那样裂开"。例如：

　　（1）炮弹在敌人碉堡上开了花。

　　（2）他瞄准鬼子打了一枪，鬼子的脑袋开了花。

　　（3）小刘买了两个开花儿馒头。

　　（4）他的棉鞋开了花，大妈帮他补了补。

　　从上面几个例子可以看出，"开花"的这个义项实际指的是"裂开"，这个义项是通过比喻的途径获得的。人们读到句子里的"开花""开了花"，只要理解词义是"裂开"就可以了。同样，您提到的"手榴弹在敌群中开了花"中的"开了花"只要理解为"裂开"（在这儿更准确说是"炸开"）就可以了。也就是说，"开花"这个词具有"裂开"或"炸开"的意思。比喻则是句子中的一种表述方法。所以"手榴弹在敌群中开了花""炮弹在敌人碉堡上开了花""棉鞋开了花""羽绒服袖口开了花"等，都不宜看作比喻句。以上供参考。

杜永道

这个比喻的本体和喻体是什么

杜老师：

　　《彩色的翅膀》（人教版第 11 册第 7 课）有一句："他们像抚养婴儿似的照看着这个小瓜，浇水，施肥，一点儿也不敢马虎。"如何确定这个比喻的本体和喻体？

　　有的老师说本体是"小瓜"，喻体是"婴儿"。有的老师说是用一件事比喻另一件事。我认可后一种说法，即用"抚养婴儿"这件事，比喻"照看……小瓜"这件事,比喻词语是"像……似的",相似点是"一点儿不敢马虎"。以"抚养婴儿"比喻"照看……小瓜",表现出了边防战士爱小瓜更爱海岛的深情。我的看法对吗?请老师指教。

山东省莱州市实验小学　沈广波

沈老师:

我赞成您的看法。这里是用"抚养婴儿"来比喻"照看小瓜"。也就是说,"照看小瓜"是被比方的事儿,是本体;"抚养婴儿"是用来打比方的事儿,是喻体。

杜永道

"彩虹"的本体是什么

杜老师:

人教版五年级下册《草原》中有这样一句:"忽然,像被一阵风吹来似的,远处的小丘上出现了一群马,马上的男女老少穿着各色的衣裳,群马疾驰,襟飘带舞,像一条彩虹向我们飞过来。"作为比喻句,特别是较长的比喻句,一般本体和喻体都比较难判断,在这一句中就是这样的。想请教这个比喻句的本体究竟是什么?

广东省深圳市宝安区官田学校　陈柏艺

陈老师:

这里是用"一条彩虹向我们飞来"来比喻穿着各色衣裳的人们乘马疾驰而来。也就是说,飞动的彩虹是喻体,本体是穿着各色衣裳乘马疾驰而来的人群。以上供参考。

杜永道

这里的修辞手法是比喻和拟人吗

杜老师:

人教版五年级《把铁路修到拉萨去》第9自然段中有这么一句话:"风火山,

这只巨大的拦路虎一次次低下了高傲的头！"请问这里运用的修辞手法是比喻和拟人吗？有的老师说运用了"借代"的手法,这种说法对吗？

福建省福州市鼓楼第五中心小学　许国伟

许老师:

　　这句话用"拦路虎"来比喻"风火山",是采用了比喻的手法。把"低下了高傲的头"这种人的行为直接用到了"拦路虎"身上,是运用了比拟或者说拟人的手法。因此我赞同您说的"这里运用的修辞手法是比喻和拟人"的看法。

杜永道

这段话用了什么修辞手法

杜老师:

　　人教版五年级上册第 3 课《走遍天下书为侣》在配套的《教师教学用书》中有这样的描述:"如果你只能带着一样东西供自己娱乐,你会选择哪一样？一幅美丽的图画,一本有趣的书,一盒扑克牌,一个百音盒,还是一只口琴……"

　　请问,这里所用的修辞手法是设问还是假设？

浙江省湖州市东风小学教育集团　管　艳

管老师:

这篇课文里这段话的全貌是这样的:

　　如果你独自驾舟环绕世界旅行,如果你只能带一样东西供自己娱乐,你会选择哪一样？一幅美丽的图画,一本有趣的书,一盒扑克牌,一个百音盒,还是一只口琴……

　　似乎很难作出选择。

　　如果你问到我,我会毫不犹豫地回答:"我会选择一本书。"

　　这里是先提出一个问题,最后作出回答。这个问题显然是无疑而问,提问时作者已有答案。作者之所以这样说,是为了引起读者思考。因此,可以说这里运用了"设问"的修辞手法。这里的"设问"虽然不太典型,不过总的来看,还是显现出"无疑而问，自问自答"的格局。因此，看作"设问"比较合适。这是我的看法，供您参考。

杜永道

这句话运用了什么修辞手法

杜老师：

在教学人教版五年级上册第 7 课《桂花雨》时，关于文中第 2 自然段"桂花树的样子笨笨的，不像梅树那样有姿态"这句话用了什么修辞手法，我与学生展开了讨论。

有学生认为这是拟人句，因为作者琦君是根据想象把"桂花"当作人来写，使"桂花"具有人一样的言行和神态。可是仅凭"笨笨的"和"姿态"这两个词语，似乎很难让所有学生理解这是一句拟人句。其间，也有学生指出这句话用了"对比"的修辞手法，可"对比"好像是"表现手法"吧？那么，这句话究竟用了什么修辞手法呢？

浙江省湖州市吴兴区东风教育集团东风校区　管　艳

管老师：

学生的看法是有道理的。"笨""姿态"一般用于人，这里用于树，是把树当人来写，可以说运用了拟人的修辞手法。将桂花树跟梅树进行比较，可以说运用了"对比"的修辞手法。"对比"是把两种事物或者一个事物的两个方面进行比较的一种修辞格。"对比"也叫"对照"。以上看法供您参考。

杜永道

第五部分 标点符号

此处缘何未加顿号

陈老师：

人教版六年级《老人与海鸥》一课的第 4 自然段为：在海鸥的鸣叫声里，老人抑扬顿挫地唱着什么。侧耳细听，原来是亲昵得变了调的地方话——"独脚""灰头""红嘴""老沙""公主"……

其中"独脚""灰头""红嘴""老沙""公主"这些老人对海鸥昵称的列举，按照标点符号的用法应用顿号隔开，而此处却没有加顿号，让人费解！请老师不吝赐教。

山东省滨州北海经济开发区第一实验学校　张景安

张老师：

您注意到的这种现象是符合国家规定的，课文是正确的。

2012 年 6 月 1 日开始实施的《中华人民共和国国家标准 GB/T15834-2011 标点符号用法》中，关于顿号的使用，第 4.5.3.5 条明确规定：

标有引号的并列成分之间、标有书名号的并列成分之间通常不用顿号。若有其他成分插在并列的引号之间或并列的书名号之间（如引语或书名号之后还有括注），宜用顿号。

示例 1："日""月"构成"明"字。

示例 2：《红楼梦》《三国演义》《西游记》《水浒传》，是我国长篇小说的四大名著。

示例 3：李白的"白发三千丈"（《秋浦歌》）、"朝如青丝暮成雪"（《将进酒》）都是脍炙人口的诗句。

陈 薇

这里的省略号如何解释

陈老师：

《给予是快乐的》（鲁教版三年级）有一句：男孩睁大了眼睛："你是说，这车是你哥哥给你的，你不用花一分钱？"保罗点点头。男孩惊叹地说："哇！我希望……"

"我希望"之后用了省略号，有的老师给学生解释：省略号表示省略的内容，省略男孩所希望的东西，让读者自己想象。有的老师撰文解释：这里运用了跳脱的修辞手法——"急收"，即话说到半路突然中断，不肯说尽，使人得其意于言语之外。

结合上下文我认为，这里的省略号表示话语停顿，余意未尽。文中不知姓名的男孩与保罗素不相识，他遇到的是一个陌生人，不可能一对话就把心里想的倒出来，所以说到这里就停顿了，这符合一般人的心理。从作者的角度来说，这样写有利于故事的发展，吸引读者读下去。

见解对否，请您指教。

山东省莱州市第二实验小学　姜秀珍

姜老师：

您提出的问题涉及省略号的用法及其在文章中所起到的表达作用。

2012 年 6 月 1 日开始实施的《中华人民共和国国家标准 GB/T15834-2011 标点符号用法》中，规定省略号的基本用法主要有如下几种：

①表示省略：标示引文的省略，列举的省略，重复词语的省略和诗行、段落的省略。②表示语意未尽：标示表达的语意不想说尽或不便说尽。③表示说话时的状态：标示说话或叙述时的断续、暂停或沉默。但省略号在文章中的表达作用，还是要把它放到具体文章中整体去分析的。

《给予是快乐的》叙述了一个纯真、贫穷还无比疼爱残疾弟弟的小男孩，他希望自己有能力送给弟弟汽车。这是出乎保罗的意料的，也深深感动了保罗。因此，男孩睁大了眼睛："你是说，这车是你哥哥给你的，你不用花一分钱？"保罗点点头。男孩惊叹地说："哇！我希望……"这里的省略号，不表示省略，因为从上下文中看不出省略了什么;也不表示意犹未尽,因为小男孩随后毫不犹豫地上了保罗的车,说明他相信别人,欲言又止不是他的表达习惯;更不表示小男孩的内心犹豫,因为从下文中可以知道,他一直希望能够送给弟弟一辆汽车。

如果我们注意到紧接着这段话下面的两个自然段就会发现,这里的省略号表示行文叙述中的语气中断。作者用省略号打断了小男孩的话,插入保罗此时的第一反应:"保罗以为男孩希望也有一个这样的哥哥",突出了保罗对男孩的回答倍感意外,同时这个省略号也吊起了读者的胃口,这时再写"哇! 我希望自己也能当这样的哥哥",就让读者也感到了意外,这样下文"保罗吃惊地看着这个男孩"的描写便显得顺理成章、真实可信。作者巧妙地用一个省略号,把看似平实的叙述写得波澜起伏,让小男孩的这句话,不仅深深打动了保罗,也深深打动了读者的心。

以上意见仅供参考。

陈　薇

为什么没有回引号

陈老师:

在集体备课统编教材小学语文三年级《父亲、树林和鸟》这篇课文时,我们发现课文中第 13 自然段至第 15 自然段只有前引号,没有后引号,这似乎不符合我们的引号使用规则。原文是这样的:

我只闻道浓浓的苦苦的草木气息,没有闻到什么鸟的气味。

"鸟也有气味?"

"有。树林里过夜的鸟总是一群,羽毛焐得热腾腾的。

"黎明时,所有的鸟都抖动着浑身的羽翎,要抖净露水和湿气。

"每一个张开的喙都要舒畅地呼吸着,深深地呼吸着。

"鸟要准备唱歌了。"

争论了半天无果后,大家都猜测是不是印刷上的错误。所以我只能请教一下老师:此处标点为什么要这样加? 谢谢!

江西省吉安市吉水县文峰小学　赖小琴

赖老师：

您注意到的这种现象是符合国家规定的,课文是正确的。

2012 年 6 月 1 日开始实施的《中华人民共和国国家标准 GB/T15834-2011 标点符号用法》中,关于引号的使用,第 4.8.3.5 条明确规定:

独立成段的引文如果只有一段,段首和段尾都用引号;不止一段时,每段开头仅用前引号,只在最后一段末尾用后引号。

示例:

我曾在报纸上看到有人这样谈幸福:

"幸福是知道自己喜欢什么和不喜欢什么。……

"幸福是知道自己擅长什么和不擅长什么。……

"幸福是在正确的时间做了正确的选择。……"

陈 薇

这里该用句号吗

陈老师：

统编教材三年级有篇课文《我们奇妙的世界》,其中第 17 自然段有个句子:"只要我们仔细地观察、寻找,就能从极普通的事物中找到美——各种形状的卵石,三桅小船的模型,颜色各异的羽毛。"句末用的是句号。句号一般用来表示一句话说完之后的停顿和语气,这句话中列举了三种普通事物:卵石、模型、羽毛,而生活中还有很多能找到美的普通事物,因此我认为这里用省略号更好,用来表示列举的省略。不知道有没有道理,恳请您赐教。

广东省广州市花都区秀全街乐泉小学　杨艳平

杨老师：

如果仅从汉语表达的角度来看,您的看法是有道理的。应当注意的是,这是一篇翻译作品,原文是用英语写成的。英语省略号的用法与汉语有很大不同。英语中最常见的省略号是位于底端三个圆点(...),其主要用法是:①表示引文中有省略;②表示句子中间语气上的间歇或停顿;③表示进一步的解释或说明,作用类似于汉语中的破折号。也就是说,英语一般不用省略号表示列举的省略,所以英语原文此处应该不会用省略号(...)。译文也许是出于忠于原文的考虑,在此处没用省略号而用了句号。

以上意见仅供参考。

陈　薇

这里用句号好吗

陈老师:

统编教材一年级上册课文 6《比尾巴》的第二、第四小节如下:

猴子的尾巴长。

兔子的尾巴短。

松鼠的尾巴好像一把伞。

公鸡的尾巴弯。

鸭子的尾巴扁。

孔雀的尾巴最好看。

我以为,儿歌不是对歌,更不是考试答题,答后非加句号不可。儿歌是适合儿童唱的歌谣,也是简短的诗歌,要讲究词句的连贯流畅,节奏明快,易于上口。建议把这两小节的前两个句号改为逗号,也就是各用一个长句子来回答,使词句更加连贯流畅。所以想问这里用句号还是逗号好?

山东省莱州市第二实验小学　姜秀珍

姜老师:

标点符号是用来辅助文字记录语言的,是在书面上标明句读和语调的符号。句读是语言表达中根据词语的性质和作用所作的语音停顿,语调是语言表达中根据语意和情感的变化所作的语音的抑扬起伏。可见,标点符号的确定首先考虑的是句意而不是朗读。

这首儿歌的第一、第三小节是三个设问句,答案是第二、第四小节,所以,第二、第四小节中句尾的句号是相对于第一、第三小节中句尾的问号来确定的,而不是根据上下句来确定的,因此不能用逗号。

朗读是将原文的文字语言转换成声音语言的一种再创造的过程,对于标点符号的朗读处理是可以根据个人的理解和声音表情达意的习惯来变通的。

陈　薇

"不知秋思落谁家"句末该用什么标点

黄老师:

我们在教学统编教材六年级下册唐代诗人王建的《十五夜望月》古诗时,发现课本里这首诗的末句"不知秋思落谁家"后面的标点是句号,但同时也看到一些教辅资料或网上查询时其后既有句号也有问号。不知哪一种标点符号才是正确的,特向老师询问。

广西柳州市景行双语实验学校　蒋雨晴

蒋老师:

唐代王建的这首七言绝句《十五夜望月》的末句"不知秋思落谁家"在网上及不同版本的教辅书籍中的确是既有问号,也有句号。古代的诗文是没有标点符号的,现在我们阅读的各种版本书籍中的标点是现代人加上去的。

我们知道疑问句是要加问号的,例如:他在家吗? 但是,如果把它当一件事来陈述时,它就不独立成为一个句子,而是作为句子的一个成分,这时就无须加问号了。如:我不知道他在家吗。句中的"他在家吗"不独立成句,而是充当表心理感知的动词"知道"的宾语,是一个陈述性的句子,所以就无须加上问号了。

就课文的诗句来说,作者"不知"的是"秋思落谁家"这件事,"秋思落谁家"变成了谓语"不知"的宾语。这是一个陈述句,所以,我们语文教材使用句号是正确的。

黄亢美

这两处省略号是否妥当

杜老师：

统编教材五年级上册第一单元《习作：我的心爱之物》中写道：

是你最爱的玩具小熊，还是你亲手制作的陶罐？

是你养了三年的绿毛龟，还是你在沙滩上拾到的贝壳？

是爸爸奖励你的旱冰鞋，还是妈妈在寒冷冬夜为你赶织的围巾？

是好朋友转学时送你的风铃，还是舅舅在你生日时送的瓷虎？

……

另外，我还看到统编教材六年级上册《春天的故事》的歌词：

1979 年，那是一个春天，

有一位老人在中国的南海边画了一个圈。

神话般地崛起座座城，

奇迹般地聚起座座金山。

……

我对以上两个片段里省略号的用法感到疑惑。请问，这两段末尾的省略号用得是否妥当呢？谢谢。

上海市闵行区莘松小学　王同艳

王老师：

您对教材中标点符号观察很细致。您提到的两处省略号确实用得不妥。

先说您举的第一个例子。这里是连续的四个问句，每个问句都另起一行。也就是说，每个问句都另起一段。在最后一问的下面一行，出现了一个省略号，这个省略号单独占一行，是表示段落的省略。根据《标点符号用法》(2011 年发布)的规定，表示段落的省略，宜连用两个省略号，也就是"十二连点"。这样做的好处是，跟句子里表示字句省略的六个点不同，读者一眼就可以看出是表示段落的省略。使用"十二连点"的时候要注意，两个省略号之间不要间断，要连续。因此，您举的这个例子中的六个点按照规范的写法，宜写成"十二连点"。

再说您举的第二个例子。这个例子是歌词，是押韵的，相当于一首诗。在最后一句诗行的下面出现了一个省略号。这个省略号表示引用的诗句没有完，下面还有。也就是说，这个省略号表示的是诗行的省略。这也是不妥的。根据《标点符号用法》的规定，表示诗行的省略，宜用两个省略号，也就是"十二连点"。因此，"奇迹般地聚起座座金山"下面的六个点宜改为"十二连点"。

总的来说，六个点的省略号不能够单独处于一行，单独处于一行时，宜采用十二个点，以表示段落或诗行的省略。

杜永道

这里为什么不用问号

陈老师：

统编教材三年级《纸的发明》一课的"活动提示"中有这样两句话：

1. 你们小组开展了哪些活动？了解了哪些传统节日？小组内交流一下。

2. 整理收集到的资料，再商量商量，打算怎样展示活动的成果，还可以补充哪些资料。

两句话中都有疑问词，都是在提问。请问，为什么第一句话中连用了两个问号，而第二句话中一个问号也没有用呢？恳请指教。

江苏省南京市浦口外国语学校　施伟燕

施老师：

众所周知，问号用在疑问句的末尾。您上面提到的"活动提示1"是用两个独立的疑问句提示学生思考，因此用问号。

"活动提示2"给学生布置了两个活动任务：先整理资料，"再商量商量"。"打算怎样展示活动的成果，还可以补充哪些资料"提示了需要商量的两件事情，它们在这里充当"商量"的宾语，不是独立的疑问句，所以不用问号。

陈　薇

"?""!"可以连用吗

陈老师：

　　统编教材五年级《清贫》一课中第9自然段最后一句话是这样的：但我说出那几件"传世宝"来，岂不要叫那些富翁们齿冷三天?! 这句话中的标点符号"?!"可以连用吗？恳请老师指点！

湖南省郴州市永兴县碧水小学　曹先华

曹老师：

　　《标点符号用法》（2011年发布）里，有三处提到反问句标点的使用，综述如下：①一般的反问语气可用问号；②强烈的反问语气要用叹号；③"当句子包含疑问、感叹两种语气且都比较强烈时（如带有强烈感情的反问句和带有惊愕语气的疑问句），可在问号后再加叹号（问号、叹号各一）"。

　　"岂不要叫那些富翁们齿冷三天?!"中的"岂不要"说明它是个语气强烈的反问句，但毕竟是对"那些富翁们"的推断，会隐含一丝疑问，所以将这两个句末点号连用。这是符合标点符号国家标准的。

陈　薇

这两处的标点为什么不一致

杜老师：

　　统编教材六年级上册第11课《故宫博物院》中说："从天安门往里走，沿着一条笔直的大道穿过端门，就到了午门的前面。午门俗称'五凤楼'，是紫禁城的正门。"这篇课文的另一处说："太和殿俗称金銮殿，高二十八米，面积两千三百八十多平方米，是故宫最大的殿堂。"

　　这两处都提到了俗称，但是一处给俗称"五凤楼"加了引号，另一处"金銮殿"没加引号。这是为什么呢？

浙江省杭州市娃哈哈小学　朱一花

朱老师:

《标点符号用法》中规定,引号用来"标示语段中具有特殊含义而需要特别指出的成分,如别称、简称、反语等"。在说明这一点时,该规范出示的第一个例子是:"电视被称作'第九艺术'。"此外,在教育部语言文字信息管理司组编的《〈标点符号用法〉解读》(语文出版社,2012年9月版)中,有这样的例句:"这场学生运动也和它前后数年的新文化运动合流,被后人从广义上统称为'五四运动'。"

从上面的说明和两个例子可以体会到,句子里在说明称谓时,应该给这个称谓加上引号,以标示出这个词语不是叙述语言,而是具有特殊含义,是某种称谓。因此,用"称作""别称""简称""统称",以及"俗称"等说明称谓时,都应给称谓加上引号,以便跟叙述语言区分开来。

由此来看,"午门俗称'五凤楼',是紫禁城的正门"中,给俗称"五凤楼"加引号,是正确的。同样,"太和殿俗称金銮殿"中,也宜给"金銮殿"加上引号。没给"金銮殿"加引号,不仅不大规范,还造成了同一篇课文中标点使用的不一致。

以上意见供您参考。

杜永道

分句间的逗号应改为分号吗

杜老师:

统编教材三年级上册第25课《掌声》中说:"上课前,她早早地就来到教室,下课后,她又总是最后一个离开。"这个句子里"来到教室"后的逗号,是否应改为分号?谢谢。

山东省德州市新湖小学　陈　燕

陈老师:

您的看法是有道理的。您提到的句子说明了"上课前""早早来到教室"和"下课后""总是最后一个离开"这两种"她"的情况,是个并列关系的复句。

并列复句的分句内部如果没有用逗号,分句之间用逗号就可以了。例如:

(1)从此牛郎在地里耕种,织女在家里纺织。

（2）红的像火，粉的像霞，白的像雪。

（3）我们熟悉的东西有些快要闲起来了，我们不熟悉的东西正在强迫我们去做。

如果并列的分句内部用了逗号，分句间就要用分号，以分清层次。例如：

（4）做，要靠想来指导；想，要靠做来证明。

（5）那沉甸甸的稻谷，像一垄垄金黄的珍珠；婆娑起舞的莲蓬，像一盘盘碧绿的珍珠。

（6）院子里一边是牛屋、碓棚；一边是猪圈、鸡窠，还有关鸭子的栅栏。

如果您提到的句子在"上课前"和"下课后"都没有逗号，说成：上课前她早早地就来到教室，下课后她又总是最后一个离开。这时分句之间就不用改为分号了。由于在"上课前"和"下课后"都用了逗号，因此分句之间的逗号，宜改为分号。改为分号后，句子的层次就清楚了。

可见，并列的单重复句内，分句之间是否用分号，要看分句内部有无逗号。故而，《标点符号用法》（2011 年发布）中说明分号"表示复句内部并列关系的分句之间的停顿"时，着重指出，"尤其当分句内部还有逗号时"要用分号。而且要注意，只要有一个分句内部用了逗号，分句间就应当用分号，如例句（6）。

杜永道

此处的逗号能否去掉

陈老师：

统编教材六年级下册课文《北京的春节》第 4 自然段有一句话："恐怕第三件事才是买玩意儿——风筝、空竹、口琴等，和年画。"我很困惑，这句话中已经有了逗号，为什么还用了连接词"和"，句中的逗号能否去掉？

福建省光泽县鸾凤中心小学 郑小华

郑老师：

《北京的春节》是老舍先生于 1951 年写的一篇散文。人民教育出版社 2006 年出版的高中语文选修教材《中国民俗文化》中也收录了这一篇，教材中此处为"恐怕第三件事才是买玩意儿——风筝、空竹、口琴等——和年画",课下注释为"选自《老舍文集》(人民文学出版社 2002 年版),略有改动"。查阅人民文学出版社 1993 年版和 2002 年版的《老舍文集》,以及由老舍之子舒乙编辑、百花文艺出版社 2012 年出版的《想北平:老舍笔下的北京》中收录的本篇,此处均与高中教材相同。

统编教材六年级下册《北京的春节》中此处为"恐怕第三件事才是买玩意儿——风筝、空竹、口琴等,和年画",课下注释为"本文作者老舍,选作课文时有改动"。将后破折号换成逗号,目前我还不能判断是编者的有意改动还是印刷错误,但从语意和标点符号的使用方面来看,恐怕高中教材的处理方式更为妥当:"恐怕第三件事才是买玩意儿——风筝、空竹、口琴等——和年画"一句中,"风筝、空竹、口琴等"前后用破折号隔开,表明它们是在句子中间插入的对"玩意儿"的举例说明。仅供参考。

陈　薇

浪文线的用法和读法

杜老师:

统编教材五年级上册《习作例文:风向袋的制作》中说:"袋长 40～50 厘米。"请问可否在"40"之后加"厘米"?另外,上课时,这里的浪纹线怎么读?谢谢。

上海市闵行区康城实验学校　龚亦玲

龚老师:

《出版物上数字用法》规定,表示数量范围时,如果前后量词相同,前一个量词可以省略。现在一般都这么做,已经成为一种规范写法。因此,"袋长 40～50 厘米"中,不宜在"40"后加"厘米"。

从浪纹线的用法来说,浪纹线连接的相关数字表示的是数值范围,而不是数量范围。也就是说,在"40～50 厘米"中,浪纹线连接的是"40～50"。浪纹线也可以连接汉字数字,如"第十五～二十一课"。这里,浪纹线连接的是序数词"第十五"和"第二十一",其中"二十一"前的"第"承前省略。

"袋长 40～50 厘米"中的浪纹线可以读成"到"或"至"(见《〈标点符号用法〉解

读》，语文出版社，2012 年版）。一字线也是常见的连接号。表示时间起止点，现在一般用一字线，如"沈括（1031—1095）"。其中的一字线同样可以读成"到"或"至"。

杜永道

省略号放在段首是什么用意

陈老师：

统编教材五年级上册第 19 课《父爱之舟》最后一个自然段："……醒来，枕边一片湿。"为什么省略号会放在段首？这样写的用意是什么呢？请您指教！

山东省德州市德城区第四实验小学　王林静

王老师：

《父爱之舟》的内容是描述童年父爱的七个场景，是对童年父爱的片断式回忆，这些片断都是作者记忆中最深刻的，还有许多这种回忆的片断在文中被省略掉了。由于文中这些场景之间有时间和空间的间隔，文中几乎每一个自然段就是一个场景，因此用省略号表示省略掉的回忆片断也要另起一段，这就是文中最后一个自然段开头的省略号的作用。

《父爱之舟》全文是以梦境的形式写出的童年回忆。课文开篇第一句"是昨夜梦中的经历吧，我刚刚梦醒"，提示下文都是梦醒后记下的，即使在梦中也萦绕在心头的记忆；课文结尾句"醒来，枕边一片湿"，呼应开头，再次提示上文都是梦醒后记下的，即使在梦中也萦绕在心头的记忆，形成严谨的首尾呼应的文章结构。

这样看来，课文结尾段"……醒来，枕边一片湿"中，开头的省略号表示省略掉的回忆片断，文字表示与开头的呼应。如果课文的结尾将省略号和文字分开成如下两个自然段：

……

醒来，枕边一片湿。

这样，省略号省略掉的内容和结尾句的结构作用都会更加清晰。

以上仅供参考。

陈　薇

这里该用分号还是逗号

杜老师：

　　沪教版第 9 册第 37 课《詹天佑》中有一句话："白天，他攀山越岭，勘测线路，晚上，他就在油灯下绘图，计算。"在描写白天、晚上情况的文字之间用了逗号。而在北师大版、语文 S 版和人教版中，这句话中间却用了分号——"白天，他攀山越岭，勘测线路；晚上，他就在油灯下绘图、计算"。请问此句到底是用分号还是逗号呢？

上海市闵行区纪王学校　卢艳梅

卢老师：

　　"白天，他攀山越岭，勘测线路；晚上，他就在油灯下绘图、计算"是述说并列的两件事情：一个是白天"他"的工作，一个是晚上"他"的工作。也就是说，"白天，他攀山越岭，勘测线路"跟"晚上，他就在油灯下绘图、计算"是并列关系的两个分句。整个句子是一个并列关系的复句。在"勘测线路"后用分号是妥当的，用逗号则不妥。

杜永道

这里引号的作用是什么

杜老师：

　　《鱼游到了纸上》（人教版四年级下册第 27 课）一文中第 1 自然段有一句话：我喜欢花港，更喜欢"泉白如玉"的玉泉。

　　教师们对这里的引号有争议。有的认为，这里的引号是"特殊含义"。这篇文章赞扬了聋哑青年的勤奋、专注的品质，作者借"泉白如玉"的玉泉引出下文，实际上暗示这个青年就像玉泉的水一样纯洁无瑕。有的认为，这里的引号表示"引用"。本人认为，第 2 种说法有道理，但觉得作者在这里加引号另有用意，主要表示需要强调的词语，"泉白如玉"强调说明了"玉泉"得名的原因，泉水洁白像无瑕的玉石一样。我的见解对吗？请老师指教。

山东省莱州市双语学校小学部　史敬爱

史老师：

您的说法是有道理的。"泉白如玉"上所加的引号，可以看作是表示引用。但是，更重要的是，应让学生理解，作者采用"泉白如玉"这个词语，意在强调泉水的清澈、洁净。

杜永道

逗号还是句号

杜老师：

人教版四年级上册课文《颐和园》的第 3 自然段中写道："抬头一看，一座八角宝塔形的三层建筑耸立在半山腰上，黄色的琉璃瓦闪闪发光。那就是佛香阁。""闪闪发光"后面用了句号，但学生和我都认为应该是逗号，因为这就是在介绍佛香阁。不知我们的想法是否正确。恳请杜老师指点，谢谢！

新疆第十师 182 团中学　赵　玲

赵老师：

在"黄色的琉璃瓦闪闪发光"后面，可以用逗号，也可以用句号。用逗号的时候，整个句子"介绍"的意味明显，句子也很顺畅。用句号的时候，停顿要比用逗号时稍长一些。由于是另起一句，"那就是佛香阁"的语意被凸显出来。如果读的时候，在"黄色的琉璃瓦闪闪发光"的句号后作稍长一点停顿，并且在"那就是佛香阁"中的"那"后作一停顿，随后缓缓读出"就是佛香阁"，"佛香阁"会被明显凸显出来。也就是说，用一句来说，还是用两句来说都可以，从表达来说，分成两句后，对后一句语意有凸显、强调的作用。

杜永道

这里用分号对吗

杜老师：

人教版六年级《少年闰土》第 3 自然段有这样一段话："我的父亲允许了；我也很高兴，因为我早听到闰土这名字，而且知道他和我仿佛年纪，闰月生的，五行缺土，所以他的父亲叫他闰土。他是能装弶捉小鸟雀的。"

在文章里，点号能够准确地表达说话的停顿和语气，有助于思想情感的表达。综观上述语言片段，我觉得"我的父亲允许了"，这一句之后用分号不妥帖，应该用句号。我的理由是：这句话是承接上文，表明了父亲允许什么，省略了语言"允许闰土来我家管祭器"。片段中采用"我的父亲允许了；"这样的表达显得简练而不冗长，可意思与上文是具有连贯性的。而后面的语言要表达的意思却发生了变化，写了我高兴的原因。

在这个片段里，我对这个点号的解读是否正确？请杜老师赐教。

重庆市万州区后山中心小学　彭祖洪

彭老师：

《少年闰土》选自鲁迅《故乡》。《故乡》写于 1921 年，那个时代的标点符号用法跟现在不完全相同。我感觉这里的分号是可以成立的。分号之前说的是"父亲"对闰土将要到来的态度，分号之后说的是"我"对闰土将要到来的想法。分号之前说的是父亲，分号之后说的是儿子，意思上是并列的。从结构上说，虽然分号之前只有一个分句，但是分号之后有若干分句。因此，这里的分号是站得住的。以上供参考。

杜永道

第六部分　教材教法

此处是"先概况后具体"还是"先总后分"

陈老师：

在一次教研活动中，两位老师同课异构统编教材三年级课文《搭船的鸟》，其中第 2 自然段：

后来，雨停了。我看见一只彩色的小鸟站在船头。多么美丽啊！它的羽毛是翠绿的，翅膀带有一些蓝色，比鹦鹉还漂亮。它还有一张红色的长嘴。

这里采用了什么写法？一位老师授课时指出本段的写法是"先概括后具体"，另一位则认为是"先总后分"。听课的老师为此展开了讨论，但是也没有一个统一的意见。请问，本课第 2 自然段到底采用了什么写法呢？

浙江省湖州市东风小学教育集团　管　艳

管老师：

您提出的问题，实际涉及的是对几个句子之间联系的认识。

1. 总述和分述

即人们通常所说的总分关系。即前一句或前一段是对后面句子或段落内容的总结说明，后面几句或几段分别从不同方面展开。例如：从严密的科学体系来看，最基础的学问有两门。一门是物理，研究物质运动基本规律的学问；一门是数学，指导我们推理、演算的学问。"两门学问"是总说，"一门是……一门是……"是分说，前一句与后两句是先总后分的关系。

2. 概括与具体

概括是人们归纳综合出同类事物共同特征的思维过程，用文字记录下来，就表现为文章中句子之间的概括与具体的关系。例如：那只金凤蝶，在阳光照射下，后翅金光闪闪；那只箭环蝶的翅面是橙黄色的，喜爱在林荫中穿梭，十分矫健；这只丝带凤蝶，后翅细长如丝，非常轻柔。这里的蝴蝶可真美啊！这段文字描写了三种蝴蝶的具体而不同的外形和颜色，然后抽象出它们的共同特征：这里的蝴蝶可真美啊！这一句与前三句之间的关系就是先具体后概括。

　　由上可见，"总述和分述"与"概括与具体"主要区别在于："总述和分述"更侧重表达技巧的运用，是一种叙述方式，有一种包含关系。"概括与具体"体现的是一种思维方式，更侧重揭示句子之间内在的逻辑关联，是一种分析与综合的关系。例如："多么美丽啊！它的羽毛是翠绿的，翅膀带有一些蓝色，比鹦鹉还漂亮。它还有一张红色的长嘴"中，后两句分别具体描写了这只鸟的身体、翅膀和嘴不同的颜色特征，前一句是对这些具体特征进行综合后抽象出来的其共同的本质特征。因此，它们的关系是先概括后具体。

　　以上意见供你参考。

陈　薇

这样分段合理吗

陈老师：

　　统编教材六年级《表里的生物》一文中出现了让人不解的分段方式。

　　可是父亲怀里的表有时放在桌子上，不但它的秒针会自己走动，而且它坚硬的表盖里还会发出清脆的声音：滴答，滴答……没有一刻的休息，这声音比蝉鸣要柔和些，比虫的歌曲要单调些。

　　一天，我对父亲说：

　　"我爱听这表的声音。"

　　我一边说一边向着表伸出手去。父亲立刻把我的手拦住了，他说：

　　"只许听，不许动。"

　　停了一会儿，他又添上一句：

　　"小孩儿不许动表。"

　　文中人物对话的提示语和被引用的话分别独立成段。课文接下来的段落也是如此分法。我的疑问是：冒号结尾的句子能独立成句并独立成段吗？这样的分段方式合理吗？在现代汉语规范中有没有类似的分段方式呢？

安徽省宿州市灵璧县东关小学　亢金尚

亢老师：

　　自然段是构成篇章的最小结构单位，是文章在表达内容时由于分述、转折、强调等原因而形成的话语停顿，可以由几句话构成，也可以由一句话甚至短语构成，来表现话语中相对独立的意思。另起一行空两格是它形式上的外显标志，读者一看便知，所以称为"自然段"，实际上它是作者根据自己的表达需要有意而为的结果。

　　目前学界对自然段的研究认为，自然段的类型分为三类：一是主体段，表达文章的主要内容，是自然段的大多数；二是结构段，在篇章中起明晰结构的作用，包括开头段、过渡段和结尾段；三是特殊段，即为了强调而独立书写的语句或分行书写的对话，您注意到的现象就属于此类。

　　这种将对话及对话的提示语分行书写的方法，在文学作品中很常见，作者以此来凸显对话内容，增强语言描述的画面感，也是一种文学表现手法。按汉语语法来说，应把对话与其相应的、带有冒号的提示语放在同一自然段中，但这不符合自然段"一看便知"的特征，而且对小学生来说也会有些困难；同时，不把对话放到与其相应的自然段中，对文章的理解也并无影响。因此现在对自然段的认识一般都采用"一看便知"的原则：只要文字另起一行空两格，就算是另一个自然段了。

　　特别说明一下，如果冒号后面另起一行空四格，那标志着下文是冒号后面引用的内容，属于同一个自然段，就不算另一个自然段。

　　以上仅供参考。

陈　薇

《长相思》的下阕为什么不另起一段

陈老师：

　　统编教材五年级上册第七单元中的《长相思》的下阕为什么不另起一段，而是空了几个字接着写的呢？对此，我十分困惑，请您赐教！

山东省德州市德城区第四实验小学　王林静

王老师：

　　文言文和古诗词在古籍中都是繁体字、竖排版、无标点、无自然段的，标点和段落都是后人在阅读过程中"句读"的结果。古籍中唯有词的表现形式不同，按词牌规格的要求，词大多都分为两段，分别称作上片和下片，又称上阕和下阕。上下片之间称为"过片"，书面上用空两格表示。

　　为了便于阅读，现代新印古籍增加了标点和段落，变为简化字、横排版，却保留了词的"过片"空两格的表现形式，以示词与诗、与散文的区别。因此，统编教材也是按照这样的排版规则为词排版的，下片不另起一段，而是以空两格的形式区别于上片。

陈　薇

《红楼春趣》为何跟原著文字有出入

杜老师：

　　统编教材五年级下册第 8 课《红楼春趣》是《红楼梦》第七十回的选段。我将手头的《红楼梦》跟课文对比，发现文字有出入，这是什么原因呢？谢谢。

上海市闵行区七宝实验小学　秦国兰

秦老师：

　　这是版本问题。《红楼梦》的版本挺多，归纳起来有两个系统：一个是脂本系统（因有脂砚斋等人批注），一个是程本系统。人民文学出版社 1957 年、1959 年、1964 年出版的《红楼梦》是以程本系统的"程乙本"为底本的，1982 年、2008 年出版的《红楼梦》是以脂本系统的"庚辰本"为底本的。

　　脂本系统的本子是乾隆年间的手抄本，程本系统的本子是曹雪芹去世约 28 年后出版的印刷本。您手头的可能是人民文学出版社出版的以脂本系统"庚辰本"为底本的《红楼梦》。比较起来，脂本系统的本子有的是曹雪芹在世时传抄的，更接近于原著，故为研究家所重视。程本系统的本子是曹雪芹去世多年后出版的，在文字上进行了整饬、修饰、润色。对一般读者，尤其是对青少年而言，读"程乙本"或许更好些，因为文字经过加工，似更自然流畅，因而更易于理解和欣赏。

课文编者选择的是人民文学出版社以程本系统的"程乙本"为底本出版的《红楼梦》，这一选择是比较妥当的，便于小学生阅读。以上意见供您参考。

杜永道

"山水翠"还是"山水色"

陈老师：

最近语文课上学了唐代诗人刘禹锡写的《望洞庭》："湖光秋月两相和，潭面无风镜未磨。遥望洞庭山水翠，白银盘里一青螺。"我发现诗中有一个比喻有矛盾。"山水翠"是指"绿色的山、绿色的水"，"绿山"比作"青螺"是可以的，"绿水"比作"白银盘"就不妥当了。

我问了爸爸，爸爸说："古时候没有现在的印刷技术。诗人写了一首好诗，得靠传抄才能流传后世。你抄我抄，经常会抄出几个版本。"爸爸还说，课文一般不会有错，它只是采用了某个抄录的版本而已，并让我自己查一查资料。

我查阅了《唐诗鉴赏辞典》，里面写的是"遥望洞庭山水色，白银盘里一青螺"。我认为写成"山水色"，比喻句就谐调了。那么，课文中为什么要采用"山水翠"而不采用"山水色"的版本呢？您能帮我解答一下吗？谢谢！

上海市宝山区大华小学三（1）班　张亦宸

张亦宸同学：

你这种善于思考、探究的学习态度值得鼓励！

的确，古诗在流传、刊印的过程中形成了多种文字版本，这是常见现象。"遥望洞庭山水翠"一句也是如此。最新统编本《教师教学用书》对此句的版本差异作了如下说明："《刘禹锡集》传世版本众多，今人点校本也较为多见。教材依据中华书局1990年出版的点校本《刘禹锡集》，同时参考《舆地纪胜》《方舆胜览》

《事文类聚》《全唐诗》等文献记载，选用了'遥望洞庭山水翠'这一版本。"一般说来，中华书局出版的新印古籍点校本参考了众多版本，是比较权威的。

另外，《望洞庭》的前两句"湖光秋月两相和，潭面无风镜未磨"描写的是洞庭湖面的远景：夜晚的洞庭湖水与月光交相辉映，风平浪静之下，犹如未磨的铜镜泛着朦胧的白光。后两句"遥望洞庭山水翠，白银盘里一青螺"描写洞庭湖中君山的近景：洞庭湖中的君山苍翠如墨，好似白银盘里托着的一枚青螺。君山是洞庭湖中的小岛，在泛着白光的洞庭湖映衬下，从颜色到形状都似青螺，后两句写出了君山的形状和颜色。所以，这句的"山水"是古代汉语中常见的偏义复词。偏义复词指两个意义相关或相反的语素组合成的一个词，在特定语境中，实际只取其中一个语素的意义，另一个语素只起作陪衬音节的作用。

这里的"山水"仅用"山"的意义，此处特指君山；"水"仅是陪衬音节，这里不表示意义。而"山水色"泛指洞庭湖山水的颜色，与写远景的前两句缺少描述视角上的区分，在内容上显得重复，艺术魅力就逊色很多。因此，从诗句表意的角度上说，选择"山水翠"的版本也要比"山水色"恰当一些。

希望上述说明能够解答你的疑惑。

陈　薇

"马"应该加引号吗

陈老师：

读了统编教材二年级下册《一匹出色的马》这篇课文就可以知道，"一匹出色的马"指的是妹妹手中的柳条。那么，题目以及倒数第 2 自然段"一匹出色的马"这句话中，"马"是不是应该加上引号呢？

北京市北京小学通州分校　高　怡

高老师：

"这是一匹出色的马"一句是个暗喻，是建立在想象基础上的比喻句，用"出色的马"比喻柳条，表示手持柳条可以跑得比较快，就像骑马奔跑一样。比喻句是不用引号的。

进一步说,课文原文倒数第 1 自然段中,"妹妹高兴地跨上'马'"一句中的"马",却加了引号。这句话是承接上一句"一匹出色的马"而来,这里"马"是直接用了上面比喻句的喻体,是个借喻,这种情况,应该也不用引号。但这是低年级课文,不用给学生讲这么多修辞知识。

如果说"一匹出色的马"还可以引起儿童想象的话,那么"跨上马"的"马",如果不加上引号,有可能会引起孩子误解,所以加上引号以提示学生,这里加引号也不算错。

以上仅供参考。

陈 薇

"和同学交流"与"跟同学交流"

杜老师:

统编教材六年级下册第 3 课《古诗三首》的学习提示中说:"在你读过的古诗中,还有哪些类似的诗句? 和同学交流。"同册第 6 课《鲁滨逊漂流记(节选)》的学习提示中说:"你觉得鲁滨逊是一个什么样的人? 和同学交流。"我感觉这两处"和同学交流"中的"和"说成"跟"似乎更好些。是否是这样? 请您说说。谢谢。

山东省东营市河安第一小学 王 晶

王老师:

平时常用到"跟""同""和""与"这几个词。它们可以做介词,也可以做连词。但是,从常用性来看,有所不同。"跟""同"常用来做介词。例如:

(1) 有事儿要跟老李多商量。

(2) 咱们这儿是平原,气压跟高原城市不一样。

(3) 本市今年气候同去年比差别较大。

(4) 这个问题应该同有关方面协商解决。

比较起来,做介词时,"跟"常用于口语,而"同"多用于书面语。"和""与"则常用来做连词。例如:

(5) 老王和老刘是我中学同学。

（6）老师和学生都赞成这个意见。

（7）成与不成，在此一举。

（8）我常阅读《教学与研究》。

"和"做连词在口语和书面语中都常见。"与"做连词则多见于书面语，尤其在标题名、书名中多见。

另外，如果"同""和"同时出现时，常用"同"做介词，"和"做连词。例如：我和周老师一会儿同大家商量个事儿。

从上面的例子可以看出，您提到的"和同学交流"固然可以说，但是说成"跟同学交流"更好些。这样做既采用了常用的介词（"跟"），也比较口语化，适合小学生阅读。您的看法是有道理的。

杜永道

《汉语拼音字母表》怎么读

陈老师：

统编教材一年级下册第一单元《语文园地》里的"读一读，记一记"的内容是《汉语拼音字母表》，该如何带领学生读呢？网上的教学视频有的读字母的名称音，有的分别读声母的呼读音和韵母的本音。究竟如何读才正确呢？

广西陆川县温泉镇长河小学　谢春梅

谢老师：

这个问题困扰老师很久了。《汉语拼音方案》明确规定《字母表》要按《方案》标注的名称音读。就目前查到的研究文献看，小学拼音教材的内容对《汉语拼音方案》作了教学上的变通，其中并未对《字母表》的读音作出变通规定，最新出版的统编教材一年级下册的教师用书对这里的《字母表》怎么读也未作出说明。这样说来，《字母表》还是应该按照《汉语拼音方案》的规定读名称音。

但是，《汉语拼音字母表》的名称音，仅用来称说《字母表》中的字母，并不用来拼读音节，因此，一般人不会用到这些名称音，这也不是小学拼音教学的重点。根据教师用书的提示，这里《字母表》的学习目的是为本册教材第三单元学习音序查字法作准备,因此,这里的《字母表》不是重在会读,而是重在"记一记"。学生要认识并记住 26 个拼音字母的大小写形体和排列顺序。如何认识并记住呢?可以有多种方法,比如借助字典的音序表,抄写字母,等等。当然,"读一读"也是方法之一。在这种情况下,网上视频所展示的两种读法应当都是允许的。

到底采用哪种方法"记一记"《字母表》,可由教师根据学情来决定,以尽量降低学生的学习难度为宜。

以上建议仅供参考。

陈 薇

"夸张地"能否去掉

陈老师:

统编教材六年级下册《汤姆·索亚历险记》第 4 自然段中有一句"同时还夸张地吹嘘了一番",词典上对"吹嘘"的解释为"夸大或无中生有地说自己或别人的优点;夸张地宣扬",句中的"夸张地"和"吹嘘"意思重复,能否去掉呢?恳请老师解惑。

福建省光泽县鸾凤中心小学 郑小华

郑老师:

看上去这个句子里"夸张地吹嘘"似乎有些重复了。仔细分析起来,"吹嘘"仅表示夸大地说自己的优点,"夸张"还可以指突出描写对象某些特点的手法。这里在"吹嘘"的前面加上"夸张地",表示汤姆在讲述自己的历险经历时,不仅夸大其词,而且动作、表情也很过分,如果删掉"夸张地",仅用"吹嘘",读者可能就想象不出他说话时的样子了,会减弱作品的生动性。因此,这里加上"夸张地",表达效果要好一些。仅供参考。

陈 薇

"口语交际"中讲笑话的方法

杜老师:

统编教材五年级下册第23课《童年的发现》的"口语交际"是"我们都来讲笑话"。请问从语言应用的角度看,讲笑话有什么方法吗?谢谢。

浙江省湖州市东风小学教育集团　管　艳

管老师:

从语言应用的角度看,可以采取语用手段来讲笑话。下面介绍三种常见手法,用相声大师侯宝林及其弟子马季作品中的"笑点"来说明。请一边阅读例子,一边细细体味其中蕴含的搞笑机制。

1. 采用某种"不合常理"的说法。例如:

(1) 医生把东西落(là)在肚子里,好几次,病人说:"不用缝了,您给我安个拉锁得了。"(听众大笑)(侯宝林《妙手回春》)

(2) 甲:他拿家里的切菜刀切西瓜。

乙:那切出来不好看哪。

甲:块儿有大有小。人家卖西瓜都是卖完一个再切一个。

乙:是啊。

甲:他一块儿八个全宰啦。(听众大笑)(侯宝林《改行》)

例(1)是提出一种不合常理的建议。例(2)是说某人采取了一种不合常理的做法。

再看下面的例子:

(3) 乙:那说什么呀?

甲:你得说皇上驾崩啦!

乙:什么叫驾崩啊?

甲:驾崩……大概就是架出去把他崩(枪毙)喽。(听众大笑)(侯宝林《改行》)

例(3)是借助字面义,用不合常理的说法来解释词语"驾崩"。例(1)至例(3)采用了同样的搞笑手法:提出的建议、说出的做法、对词语的解释,都含有不合常情、不合常理的语意特点。这种幽默制造术可以称为"悖谬法"。

2. 说出某种令人意外的结果。例如：

（1）甲：我有个绝对儿，大文豪都对不上来。

乙：说给我听听。

甲：大文豪都对不上来，说给你听有什么用啊？

乙：你可不能那么说，绝对儿碰巧了才对得妙呢。

甲：我说说你听听，可别胡对啊！

乙：当然啦！

甲：听不明白就问我。

乙：当然向你请教。

甲："生意兴隆通四海。"

乙：完啦？

甲：啊。（听众大笑）（侯宝林《对春联》）

（2）甲：我跟我妈说，我会抻面，今儿您瞧我的，和（huó）好面您甭管了。醒好面，我就开始抻，胳膊伸开，往高抬，双手用力，把面甩起来……

乙：面抻好了？

甲：套我脖子上了。（听众大笑）（侯宝林《技术比赛》）

例（1）中，甲说自己有个特别精彩的上联，这时听众便对这个"精彩对联"产生了迫切的心理期待。然而甲随后说出的"生意兴隆通四海"却是个再平常不过的上联，人人皆知。例（2）中，甲先说自己会抻面，后面的话却表明，其实他根本不会，以致面套在脖子上。这两个例子，都是先"蓄意进行误导"，让听者预感好像有个精彩的上联、似乎甲是抻面高手，实则完全相反——一个平常，一个无能。"似优实差"的话语手段，让听众感到意外的同时，觉得十分滑稽好笑。这种搞笑手法可以称为"意外法"。

3. 前后话语中包含某种矛盾。例如：

（1）甲：您研究戏剧有多少年？

乙：五十多年。

甲：五十多年？

乙：我对于戏剧……

甲：您等等，您今年多大岁数？

乙：四十二。（听众大笑）（侯宝林《戏剧杂谈》）

（2）甲：张富贵同志，我还忘了问您啦，您贵姓？（听众大笑）（马季《画像》）

例（1）和例（2）前后话语之间都存在明显矛盾，所以让听者捧腹。其中的矛盾性平易浅显，一听即知。这种手法可以称为"矛盾法"。

反复揣摩上述几类例子，"依葫芦画瓢"，取材于生活，自己就能编出逗人的笑话来。

杜永道

《红楼春趣》的表现手法

杜老师：

统编教材五年级下册第 8 课《红楼春趣》选自《红楼梦》，说的是大观园里放风筝的故事。在表现手法上，这个片段有什么特点？请您解答。

上海市闵行区莘松小学　陈婷婷

陈老师：

从不同角度看，会有不同看法。下面从"多样化"的表现法谈谈这一段的特点，供您参考。

这个片段很短，说的是放风筝，事儿很简单——宝玉跟姑娘们带着丫头放风筝，几句话就可以说完。为使得内容丰富，作者采用了"多样化"的表现手法。可以从以下几个方面看出来——

1. 风筝的"多样化"。

作者不是只写了一两种风筝，而是写了多种风筝。风筝的多样化，使读者眼前呈现出各式各样的风筝：有蝴蝶形的，有大雁形的，有鱼形的，有螃蟹形的，有蝙蝠形的，有凤凰形的，有美女形的，还有"一连七个雁的"，多达七八种。这么一来，便展现出一幅多姿多彩、美不胜收的彩绘风筝"群像"。

2. 放风筝行为的"多样化"。

故事中，有的人一放风筝就飞起来了，如探春丫头、宝琴丫头、宝钗等；有的屡放不起,如宝玉;有的风大时顺势松线,让风筝自由飞去,如黛玉;有的主动把线剪断,让风筝飘走,如多位丫头。多样化的放风筝行为,使故事场面多姿多彩,十分热闹,气氛欢快。

3. 风筝来源的"多样化"。

众人放的风筝,有的是捡来的,例如紫鹃;有的是自己家的,例如黛玉等;有的是别人送来的,例如宝玉的"大鱼风筝"和"美人风筝"。

4. 放风筝目的的"多样化"。

听丫头报告说,大鱼风筝被晴雯给放了,宝玉发牢骚道:"我还没放一遭儿呢!"这反映出宝玉放风筝是为了好玩儿。探春对宝玉说:"横竖是给你放晦气罢了!"这折射出在她看来,放风筝是为了"放晦气"。众人说"林姑娘的病根儿都放了去了",这透露出,在众人眼里,黛玉放风筝的目的是"放走病根"。虽然放风筝的目的各有不同,但最后众人说的"有趣,有趣!"表明,不论什么目的,放风筝让大家都获得了快乐。

5. 放风筝时,言语交际话题的"多样化"。

在放风筝这个短短的情节中,人们对话的话题多次转换:①讨论捡了别人的风筝是送回还是留下;②讨论院中风筝好看不好看;③讨论家中风筝的来源和去向;④讨论风筝不好放的原因;⑤相约把手里风筝都放掉。

以上五种"多样化",把一个原本简单的过程,写得摇曳多姿、异彩纷呈,让读者不知不觉间,跟着作者笔触饶有兴味地读下去。

长篇小说中的一个平常小片段,透露出曹雪芹非凡的写作功力。

杜永道

可以说参天的杨柳吗

陈老师:

统编教材六年级上册第 19 课《青山不老》第一句是"窗外是参天的杨柳"。这句中用"参天"形容"杨柳"。《现代汉语词典》(第五版)是这样解释"杨柳"的:1.杨树和柳树;2.指柳树。

根据课文内容,"杨柳"应该是指杨树和柳树。杨树参天,当然不假。但我仿佛还没见过参天的柳树。请问："参天的杨柳"这种表达对吗？

四川省巴中市巴州区第一小学　张洪英

张老师：

　　"杨柳"出自《诗经·采薇》"昔我往矣，杨柳依依"一句，"杨柳"指柳树，"依依"形容柳枝柔软摇曳的样子。值得注意的是，"杨柳"中的"杨"最初指的也不是杨树，而是蒲柳树。我国最早的词典《尔雅·释木》有"杨，蒲柳"之说，段玉裁在《说文解字》"杨"字下注："蒲柳也。……蒲柳生水边，又曰水杨，蒲杨也"，故而古人也称柳树为"垂杨""杨柳"。古代诗人多用"杨柳"这个意象表达缠绵的情思，这是"杨柳"常见的用法。

　　明代李时珍在《本草纲目》中对"杨柳"作了区分："杨枝硬而挺起者，故谓之杨；柳枝弱而垂流者，故谓之柳，盖一类二种也，故今南人犹并称杨柳。"《词源》对"杨"的解释沿用了李时珍的说法，也认为"旧时多与柳合称杨柳"。《现代汉语词典》解释"杨柳"的两个义项盖源于上述辞书。

　　由此说来，"窗外是参天的杨柳"一句中，无论使用"杨柳"的哪个义项，前面用"参天"作为修饰性定语，都不太合适，也许改为"参天的杨树"更精准些。仅供参考。

陈　薇

两个"吧"的作用有何不同

杜老师：

　　统编教材一年级上册《口语交际：我们做朋友》中说："班里有些同学你还不太熟悉吧？去做个自我介绍，跟他们聊聊天，成为新朋友吧！"这两句话末尾的"吧"的作用有什么不同吗？谢谢。

上海市松江区实验小学　魏　文

魏老师：

　　的确，这两句话里的"吧"作用不同。

"班里有些同学你还不太熟悉吧?"这句话是个疑问句,但又不是单纯的疑问句,句末用"吧"使句子带有"揣测"的意味。请比较下面两句话:

(1) 班里有些同学你还不太熟悉?

(2) 班里有些同学你还不太熟悉吧?

句子(1)不用"吧",是单纯提问,向对方提出了自己的疑问。句子(2)用"吧",主要表达自己的猜测、估计,在"揣测"的同时,含有让对方确认、证实的意味。

"去做个自我介绍,跟他们聊聊天,成为新朋友吧!"是个提出建议的祈使句,同类的例子如:

(3) 天有点凉,你穿上这件长袖的吧。

(4) 你从左边这条路走吧,近一点儿。

句子(3)和(4)用了"吧",语气显得比较舒缓、委婉。请将(3)(4)跟下面不用"吧"的两句比较一下:

(5) 天有点凉,你穿上这件长袖。

(6) 你从左边这条路走,近一点儿。

显然,用"吧"后,祈使句的语气明显和缓一些。

杜永道

"麻雀儿"与"家雀儿"

杜老师:

统编教材四年级上册第8课《蝴蝶的家》开头说:"下大雨的时候,青鸟、麻雀这些鸟都要躲避起来,蝴蝶怎么办呢?"这句话里有"麻雀"一词。课文结尾处说:"它们的家一定美丽而香甜,不像家雀儿似的,一下雨就飞到人们的屋檐下避雨。"话里有"家雀儿"。指同一种鸟儿,为什么课文开头用"麻雀",结尾处用"家雀儿"呢?谢谢。

浙江省杭州市新华实验小学　陆智强

陆老师：

"家雀儿"是"麻雀"的俗称，北方话如北京话、青岛话里常说。"家雀儿"口语色彩明显，常用于口语语境。例如：

（1）我听见一群家雀儿在叫，吱吱喳喳，吱吱喳喳。（林海音《城南旧事》）

（2）（黛玉）正要朦胧睡去，听得竹枝上不知有多少家雀儿的声儿，啾啾唧唧，叫个不住。（《红楼梦》第82回）

这两个例句都比较口语化，用"家雀儿"很得当。

课文开头说的"天是那样低沉""雨点密集地喧嚷着""风将银色的雨幕斜挂起来"等，都带有书面语色彩。也就是说，课文起始段为书面语体，用书面中常见的"麻雀"颇适切。

课文末尾，是"一个女孩"说的话，比较口语化，在这儿采用口语中常说的"家雀儿"甚妥帖。而且，"家雀儿"这个名称跟"屋檐"有关系。许世荣《北京土语辞典》中说，因麻雀"一般栖于人家屋檐下，飞行不远"，所以被称为"家雀儿"。而课文结尾处说麻雀"一下雨就飞到人们的屋檐下避雨"，也提到了"屋檐"。故课文末尾用"家雀儿"在语境中显得十分自然和谐，也利于读者理解麻雀一下雨就爱"到人们的屋檐下避雨"。

杜永道

"口语交际"中说安慰话宜注意些什么

杜老师：

统编教材四年级上册第20课《陀螺》的"口语交际"的内容是"安慰"。请问说安慰的话语时，要注意些什么呢？谢谢。

上海市闵行区莘松小学　田　震

田老师：

建议说安慰的话语时，注意下面几点：

1. 在交谈中，如果感觉对方愿意跟你谈及令其心情不悦的事，可了解详情，体现关切之情。同时，在可能的情况下，承诺提供某种力所能及的帮助。

2. 引导对方一分为二地看待事情，让对方认识到，不如意的事情中往往隐含着某种积极因素。例如：失误可让当事人获得重要经验，吃一堑，长一智；不理想的环境可以锻炼人的能力；坏运气里藏着新机遇；等等。

3. 留意找准对方伤心之处，有针对性地进行安慰。这需细心体察。譬如对方因一次考试没考好而伤心，但不是因为少了几分，而是因为落后于暗中的竞争对手，这时需弄清就里，对症疗治。

4. 安慰时要注意，不要提及可能引起对方伤心的事儿，避免说引起对方伤心的话语。如对方亲友离去或去世，对方正伤心，不宜询问可能引起对方难过的问题，宜多表达关爱之情，给予对方温暖和帮助，以化解对方的哀伤情绪。

以上是一些原则性的提示，在安慰时，还要因人因事而有所不同。

杜永道

文中连用三个"他"规范吗

杜老师：

六年级《小抄写员》(北师大版)中有一句话："他不跟他多说话，甚至不愿看见他。"我觉得这句话是个病句，病句类型是"指代不明"。

联系上文"又过了两个月，叙利奥继续夜夜工作，白天疲倦不堪；父亲见了儿子，仍旧动怒，甚至不愿看见他"可以知道第一个"他"是父亲，第二、第三个"他"是儿子，但此刻两个人都用"他"表示，我认为不规范。虽然是选读课文，但作为语文教材，就应该给孩子一个正确的引导。请问老师赞同我的观点吗？恳请指点，谢谢老师！

江西省吉水县思源实验学校　曾玮花

曾老师：

您的看法是有道理的。从表达来说，"他不跟他多说话，甚至不愿看见他"这句话里出现了三个"他"。虽然从上下文能判断出分别指的是谁，但是在一句话里连续出现几个"他"的确不大好，所指不是非常清晰。我看到的一个版本里，您提到的这句话是这样说的：

最可痛的是父亲对他渐渐冷淡，好像以为儿子太不忠实，是无甚希望的了，不多同他说话，甚至不愿看见他。

这句话里只有两个"他"，所指非常容易看出是指孩子，这一表述显然比您提到的句子要好。

杜永道

用"绿色的海洋"指代，对吗

杜老师：

人教版三年级《美丽的小兴安岭》一文第1自然段如下：

我国东北的小兴安岭，有数不清的红松、白桦、栎树……几百里连成一片，就像绿色的海洋。

开篇用"绿色的海洋"，概括了小兴安岭的特征——树木繁多。接下来按时间顺序写景，四季景色迥然不同，尤其是秋季和冬季，并不是"绿色的海洋"。所以，我认为将开头的"绿色的海洋"改为"树的海洋"是否更合适？

青海省西宁市城西区虎台小学　郭凤霞

郭老师：

说森林像"绿色的海洋"，是就一年里大部分时间的状况说的，读者一般也能理解。因此课文这样的说法是可以成立的。以上意见供您参考。

杜永道

连用三个主语"它"好吗

杜老师：

《最后一头战象》（鲁教版五年级下册、人教版六年级下册）的结尾是："它死了。它没有到祖宗留下的象冢。它和曾经并肩战斗的同伴们躺在了一起。"

这三句话的主语都是"它"，有重复啰唆的感觉，致使后两句不够连贯。我觉得可以把第二句的句号改为逗号,删去第三个"它",改用连词"而",将两句合并为一个长句子。改后的句子是:它死了。它没有到祖宗留下的象冢去,而和曾经并肩战斗的同伴们躺在了一起。这样可使后两个分句的意思衔接得更紧密,更有利于读者从战象的"不去"和"去"的行动中领悟死的意义与价值。见解当否,请您指教。

山东省莱州市实验小学　沈广波

沈老师:

　　这头象没有去"祖坟",而是永远跟并肩战斗的伙伴们躺在了一起。也就是说,这头象是值得人们尊敬的。课文末尾三次出现的"它",营造出一种沉痛、庄重以及尊敬的氛围。或者说,三次反复出现的"它"使得作者所要表达的情感得以凸显。这里运用了"反复"的修辞手法。"反复"指重复运用某个词语或句子。"反复"的一个重要作用就是使得某种思想感情得到强调,得到加强,得到凸显。这是我对这段话的体味,供您参考。

杜永道

第七部分　常识资料

是"纸"的发明还是"造纸术"的发明

杜老师：

　　在备课统编教材三年级下册第三单元第10课《纸的发明》时，我发现课文开头第一句写的是"造纸术的发明，是中国对世界文明的伟大贡献之一"。

　　我们经常说——造纸术是我国四大发明之一。顾名思义，造纸术指的应该是造纸的技术和工艺，而纸则指用于书写的物质。它们两者还是有区别的。那么课文中的"发明"，究竟是"纸"的发明还是"造纸术"的发明呢？我感到很困惑。请您指导。

湖北省枣阳市第三实验小学　朱艳琴

朱老师：

　　对中国古代"四大发明"的解释，工具书的词句稍有不同。例如：

　　《辞海》（第六版）说："纸、印刷术、指南针和火药，都由中国人发明，然后相继传入世界各地。是中国对于世界文明的四大贡献，通称'四大发明'。"

　　《现代汉语大词典》（商务印书馆国际有限公司，2015年版）说："指古代中国的四种发明——造纸术、指南针、火药及活字印刷术。这些发明对中国古代的政治、经济、文化的发展产生了巨大的推动作用……"

　　《辞海》里说，"四大发明"之一是"纸"；《现代汉语大词典》里说，"四大发明"之一是"造纸术"。诚如您所说，"纸"跟"造纸术"不同，各有所指。不过，说"纸"的发明，读者自然知道中国人首先掌握了造纸的技术；说"造纸术"的发明，读者也能知道中国发明了纸。这两种说法，一个从制造（或者说"过程"）来说，一个从产品（或者说"结果"）来说。角度不同，但表达的意思是相同的，即中国人首先在世界上造出纸。也就是说，两种说法说的是同一件事。

这两种说法都可以采用。不过我个人觉得《辞海》说的"纸"更好些。说"纸"比较简洁，形象具体，易于理解，且避免了因采用"造纸术"而跟"印刷术"的"术"在用字上的重复。以上意见供您参考。

杜永道

《古诗十九首》中"古诗"的含义

黄老师：

六年级下册新选了《古诗十九首》中的《迢迢牵牛星》，这里的"古诗"有什么特别的含义吗？与我们平时教学的唐诗有什么不同的地方？

天津市河北区育婴里小学　齐晓皓

齐老师：

《古诗十九首》是中国古代文人五言诗的选辑，由南朝萧统从传世的无名氏古诗中选录十九首编入《文选》而成。这十九首诗习惯上以句首为标题，如《迢迢牵牛星》就是该首诗的第一句。

《古诗十九首》里的"古诗"特指唐之前的五言乐府诗，与我们所说的古诗又有所不同。与唐代形成的讲究平仄对粘的近体诗（格律诗）比较，其特点是：

一、押韵——古诗可押平声韵，也可以押仄声韵，如《迢迢牵牛星》就通押仄声韵。近体诗则限押平声韵。

二、平仄——古诗平仄不拘。近体诗有严格的声律要求，讲究平仄的相替、相对和相粘。

三、字数——古诗都是五言体。近体诗或五言，或七言。

四、句数——古诗八句以上，也可以一二十句，长短不拘。近体诗四句为绝句，八句为律诗。

五、对仗——古诗比较自由，不刻意要求对仗。律诗的颔联和颈联必须对仗。

黄亢美

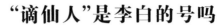
"谪仙人"是李白的号吗

陈老师：

在教学李白诗歌的时候，我布置学生搜集诗人李白的资料。有位学生这样写的：李白，字太白，号青莲居士，又号"谪仙人"。我很疑惑"谪仙人"是李白的号吗？请指教。

上海市闵行区莘松小学　梁　燕

梁老师：

中国古代文人喜欢在姓氏之外，给自己三个称呼：名、字、号，这些都是自己给自己命名的。此外，不少文人还有不止一个别号，这些别号可以是自己命名，也可以别人命名。"谪仙人"是李白的别号，来自他的前辈，诗人贺知章对他的称赞。

据古书记载，李白初到长安，贺知章听说他的名声，就去探望他。李白拿出自己写的《蜀道难》给贺知章看。贺知章还未读完，就赞叹了四次，称李白为"谪仙"，与他一起开怀畅饮，一醉方休。一年后，李白在《玉壶吟》中写道："世人不识东方朔，大隐金门是谪仙。"便以"谪仙"自居。两年后，李白又在《对酒忆贺监》中写道："四明有狂客，风流贺季真。长安一相见，呼我谪仙人。"回忆了当时与贺知章一见如故的情景，认可了"谪仙人"这一称呼。自此，"谪仙人"作为李白的别号广为流传，直到今天。

陈　薇

小毛虫是变成了茧吗

陈老师：

我在教学统编教材二年级《小毛虫》一课时，和学生讨论小毛虫经历了哪些变化。有学生回答：小毛虫变成了茧。这样回答算正确吗？我的理解是小毛虫应该是变成了蛹，它只是织了一个茧屋。该如何跟学生解释呢？

福建省读者　苏元元

苏老师：

　　蝴蝶的成长过程要经历卵、小毛虫、蛹、蝴蝶四个时期的不同形态，这是科学研究的结果。

　　《小毛虫》课文的课后习题2：小毛虫经历了哪些变化？画出相关语句，借助提示讲讲这个故事。习题给出的提示是：小毛虫→茧→蝴蝶。况且，课文中没有出现"蛹"，对茧屋中的蛹，依然是用小毛虫的口吻叙述的。所以，二年级孩子认为小毛虫变成了茧，我认为是可以的。再者，语文课不同于科学课，这篇课文的重点不在于化茧成蝶的知识，而在于这个故事给人的启示。在茧屋的阶段，作者要表达的主旨是坚持和等待是成功的必经之路。因此，将茧作为小毛虫变化的一个阶段，也是符合课文实际的。

　　建议教学时，教师可以不提起"蛹"字，但可以用课后拓展的方式让孩子了解茧屋中小毛虫的形态——蛹，既拓展了知识，也拓展了识字量。

陈　薇

古诗的节奏如何停顿

陈老师：

　　这段时间我在备课统编教材六年级的古诗词诵读单元。关于古诗的停顿，我自己拿不准，有的资料上说七言绝句按"二二一二"的停顿节奏划分，五言绝句按"二二一"或者"二一二"的停顿节奏来划分。例如：

春 夜 喜 雨

［唐］杜　甫

好雨/知/时节，当春/乃/发生。

随风/潜/入夜，润物/细/无声。

野径/云/俱黑，江船/火/独明。

晓看/红/湿处，花重/锦/官城。

今天备课《闻官军收河南河北》，我这样划分停顿：

闻官军收河南河北

［唐］杜　甫

剑外忽传/收蓟北，初闻涕泪/满衣裳。

却看妻子/愁/何在，漫卷诗书/喜/欲狂。

白日放歌/须/纵酒，青春作伴/好/还乡。

即从巴峡/穿/巫峡，便下襄阳/向/洛阳。

不知道是否正确。也有同事说，古诗划分停顿不能3个字在一起。我也拿不定主意，请老师赐教。

安徽省亳州市蒙城县岳坊镇中心小学　葛　影

葛老师：

根据格律，五言律诗的朗读停顿节奏有"二二一"或"二一二"两种，七言律诗的朗读停顿节奏是在五言律诗前面加上两个字，形成"二二二一"或"二二一二"两种。但是，如果考虑到诗句的语法结构和语义搭配，五律还可形成"二三"停顿，七律还可形成"四三""二二三"停顿。可见，在确定诗句的停顿节奏时，要同时考虑上述两个方面，具体分析每一首诗的具体内容。建议这两首律诗的停顿如下，供您参考。

春 夜 喜 雨

[唐]杜　甫

好雨/知/时节，当春/乃/发生。

随风/潜/入夜，润物/细/无声。

野径/云俱黑，江船/火独明。

晓看/红湿处，花重/锦官城。

闻官军收河南河北

[唐]杜　甫

剑外忽传/收蓟北，初闻涕泪/满衣裳。

却看妻子/愁/何在，漫卷诗书/喜/欲狂。

白日放歌/须纵酒，青春作伴/好还乡。

即从巴峡/穿/巫峡，便下襄阳/向/洛阳。

陈　薇

"×"是什么符号

杜老师：

统编教材一年级《怎么都快乐》一课的"语文练习三"中说："翻到正文第××页，找到'chu'……"请问其中的"×"是什么符号？谢谢。

上海市闵行区莘松小学　陈婷婷

陈老师：

"×"是一种标点符号，被称为"代字号"。代字号常用来表示某种泛指，也就是不定指。例如：

(1) 凡称××级学生，即指××年入学的新生；××届学生，即指××年毕业生。

(2) 有两个作文参考题目，分别是《我爱家乡的××》和《难忘××》。

"×"有时用来代替不便写出的(名称、污言秽语等)词语。例如：

(1) 该校学生张××沉迷于网络游戏而走上犯罪道路的教训值得深思。

(2) 他骂了声"×××"就走了。

您提问中说的"翻到正文第××页"里的代字号，是一种泛指。

另外，代字号一般可以读为"某(mǒu)"。按照规范的写法，代字号要比其他字小一点，大约是一半多。代字号不宜用拉丁字母中的"x"或者数学里的乘号来充当。

杜永道

可以说碧绿的池塘吗

陈老师：

统编教材二年级《语文园地》的"字词句运用"中有一题，要求仿照例句在括号中加上合适的词语：( )池塘开满( )荷花。这道题教学用书给出的答案是清清的、碧绿的池塘。碧绿的池塘我们觉得不太妥当。此外，"方方的""圆圆的"，这些人工制造的形状，是否合适填写呢？恳请指点！

山东省东营市胜利第四十六中学　杨　栋

杨老师：

定语是名词前面的修饰或限制性成分，"的"常常作为定语的标志出现在定语和它所修饰或限制的名词之间。

这道习题实际上是用仿写的方法训练学生掌握定语的用法。"（　　）池塘"是要训练学生学会修饰性定语，所以填入的"清清的""碧绿的""方方的""圆圆的"都描述了池塘的状态，都是对"池塘"这个名词的修饰。只要符合池塘的某种特点，都是可以的。

陈　薇

关于《声律启蒙》中的术语

黄老师：

我们让学生诵读《声律启蒙》以及《笠翁对韵》时，对其中的"一东""二冬""三江""四支"等术语不太理解，不知道怎么跟学生讲解。烦请黄老师帮助解释一下。谢谢！

陕西省延安市安塞区第一小学　吴　艳

吴老师：

金朝时期，山西平水人王文郁在前人诗韵研究的基础上编了一本《平水新刊韵略》的韵书，字韵分为 106 部，因他是山西平水人，于是世人称此韵书为"平水韵"。"平水韵"106 个韵部中平声韵有 30 个，同韵的字归一韵部。如"东同童僮铜桐……"韵母都是 ong，因其排序第一，首字为"东"，故名之"一东"；"江、缸、窗、邦、降、双……"韵母都是 ang，首字是"江"，排序第三，于是名之"三江"。

《笠翁对韵》和《声律启蒙》是明清时期文人编撰的两本启蒙读物，用于训练孩童掌握声韵格律。近体诗（格律诗）要求押平声韵，所以这两本书是按照"平水韵"的三十个平声韵部来编写的。如《声律启蒙》"一东"的对韵是"云对雨，雪对风,晚照对晴空……",句中"风、空"的韵母都是 ong。再如"三江"的"铢对两,只对双,华岳对湘江……",句中"双、江"的韵母都是 ang。

综上可知,"一东""二冬""三江""四支"中的"一""二""三""四"是排序,"东""冬""江""支"是同一韵部的领头字,并以它们作为韵部的名称。

黄亢美

"一东"和"二冬"为什么分属两个韵部

黄老师:

我们在诵读《声律启蒙》时,注意到"一东"和"二冬"韵脚字的韵母都是 ong,可是为什么又分为两个不同的韵部呢? 它们的区别在哪儿呢?

河南省漯河市许慎小学　张瑞琴

张老师:

《声律启蒙》以及《笠翁对韵》这类儿童声韵启蒙读本是依照"平水韵"的 30 个平声韵部编排的,但古今语音是有变化的,例如"一东"韵部中的"东、同、童、僮"与"二冬"韵部中的"冬、咚、彤、农"现代读音韵母都是 ong;"三江"中的"江、缸、窗、双"与"七阳"中的"阳、杨、扬、香"韵母都是 ang,但在中古及之前它们的读音是有区别的,而今音的韵母却完全相同了。

概言之,"平水韵"中的 30 个平声韵部是依据当时的语音所作的比较细的分类。到了元代,周德清编的《中原音韵》又根据当代的语音实际,把音同或音近的韵字减缩合并为 19 个韵部,例如把"平水韵"中的"一东"和"二冬"合并为一个韵部,名之"东钟","三江"和"七阳"合并为一个韵部,名之"江阳"。现代的《中华新韵》又根据当代的语音实际,合并减缩成 14 个韵部。

今天我们在学校让学生诵读《声律启蒙》《笠翁对韵》的 30 个韵部的对韵歌,这对认识了解古代的音韵当然是有好处的,但进行诗歌创作时,则可"双轨并行",既可以按"平水韵"的韵部押韵,也可以按现代的《中华新韵》的 14 个韵部押韵。

黄亢美

"毕剥"是什么声音

杜老师：

统编教材四年级下册第二单元的《快乐读书吧：十万个为什么》中说："为什么炉子里的柴会毕剥作响？"其中的"毕剥"表示什么声音？《现代汉语词典》中为何没有这个词？烦请杜老师解疑。

上海市松江区实验小学　魏　文

魏老师：

"毕剥"是拟声词，现在不大用了，所以《现代汉语词典》等工具书没有收入。《汉语大词典》收了"毕剥"，所举的例子是：

（1）一声田主到，妈妈心头毕剥跳。（刘大白《卖布谣·田主来》）

（2）湿柴冒着潮气，毕剥——毕剥地响着。（刘白羽《战斗的幸福·路标》）

"毕剥"的重叠形式是"毕毕剥剥"，比较常见些。《汉语大词典》收有这个重叠形式的词，并说明该词用来"形容敲击声或爆裂声"。所举的例子是：

（3）忽听得有人敲门响，崔生问道："是那个？"不见回言。崔生道是错听了，方要睡下去，又听得敲的毕毕剥剥。（《二刻拍案惊奇》卷二三）

（4）有一回对着请愿的学生毕毕剥剥的开枪了。（鲁迅《南腔北调集·论"赴难"和"逃难"》）

（5）整个竹棚里都安静了，只有篝火中燃烧的竹子毕毕剥剥的响着。（刘二水《岩丙大叔》）

可以看出，例句（3）中的"毕毕剥剥"是敲击声，例句（4）（5）中的"毕毕剥剥"是爆裂声。所以，课文中"炉子里的柴会毕剥作响"的"毕剥"是形容炉子里的柴燃烧时爆裂的声音。

杜永道

"杂拌儿"是北京话词语吗

杜老师：

　　统编教材六年级下册第 1 课《北京的春节》里说："孩子们准备过年,第一件事是买杂拌儿。这是用各种干果(花生、胶枣、榛子、栗子)与蜜饯掺和成的……"其中的"杂拌儿"是表示各种干果掺和在一起的意思,这个词我们很陌生,请问,它是北京话里的一个词语吗? 谢谢!

福建省读者　樊超宇

樊老师：

　　"杂拌儿"是北京话里的词语。《北京话词典》《北京土语词典》《北京话儿化词典》都有这个词。《北京话儿化词典》里说:"旧指花生、瓜子儿、核桃、栗子等各种干果的混合物,也叫'粗杂拌儿'。"又说,也"泛指蜜饯什锦果脯"。

　　课文里的"杂拌儿"属于这种"粗杂拌儿"。我家在北京东城区,20 世纪五六十年代,过春节时父母也买"杂拌儿",但已经不是"粗杂拌儿"了,而是《北京话儿化词典》里说的"蜜饯什锦果脯",也就是把各种果脯混在一起,很甜。"杂拌儿"的好处是,什么果脯都有,都可以尝一点儿,而不必专门去买一种或几种。花钱不多,却可以吃到多种果脯。孩子们吃到嘴里,都特别高兴。

　　《北京话词典》里说杂拌儿"春节前后应时上市"。《北京土语词典》说杂拌儿"本是旧历年(春节)前后供应的一种糖果食品……"20 世纪 30 年代的《国语辞典》中说它"为年节之食品"……可见,杂拌儿是在春节时出现的,吃杂拌儿是北京的一种年俗。

　　在旧时代,北京话里的"杂拌儿"曾用来指"多种叶子烟的混合物,是一种最廉价的烟"。(《北京话儿化词典》)

　　"杂拌儿"还有个比喻性的用法,用来指"杂凑的人或事物"。例如:

　　(1) 这伙人是大杂拌儿,好几个地方来的。(《北京话儿化词典》)

　　(2) 这本刊物编成了大杂拌儿。(《北京土语词典》)

　　(3) 这个集子是个大杂拌儿,有诗,有杂文,有游记,还有短篇小说。(《现代汉语词典》)

　　去北京的"稻香村"连锁店瞧瞧，会发现果脯都是小包装，也就是一个一个大拇指大小的小袋子，袋中有一个果脯。即使漂亮的盒子上堂而皇之地写着"什锦果脯"，拆开一看，里头仍是小包装，而且只有不多的几样——昔日的"杂拌儿"已悄然逝去。如今的果脯售卖样式早已升级换代了。这令人感慨：表示旧事物的方言词，不知不觉间，有的渐渐演变成历史词语。

杜永道